KB212054

예수의 마지막 말들

십자가에서 하신 일곱 말씀

플레밍 러틀리지 지음 · 손승우 옮김

The Seven Last Words
from the Cross

예수의 마지막 말들

십자가에서 하신 일곱 말씀

플레밍 러틀리지 지음 · 손승우 옮김

빈아

| 차례 |

일러두기

· * 표시는 독자의 이해를 돕기 위해 옮긴이와 편집자가 단 주석입니다.

· 성서 표기는 원칙적으로 『공동번역개정판』(1999)을 따르되 인용은 원서 본문에 가까운 번역본을 썼으며, 한국어 성서가 모두 원문과 차이가 있을 경우에는 옮긴이가 직접 옮겼음을 밝힙니다.

들어가며

    그리스도께서 십자가에 달리셨을 때 하신 일곱 말씀에 대한 이 묵상집은 2002년 조지아주 콜럼버스에 있는 트리니티 교회, 2003년 보스턴 코플리 스퀘어에 있는 트리니티 교회에서 전한 성금요일 설교를 다듬고 거기에 살을 붙여 만들었습니다. 성금요일, 그곳에서 설교할 수 있다는 것은 설교자가 일생에서 누릴 수 있는 최고의 순간일 것입니다. 예배에서 설교하는 특권을 누릴 수 있게 해 준 두 교회 신자분들에게 깊은 감사를 전합니다. 성금요일 예배의 중요한 특징 중 하나는 가사에 특별한 주의를 기울이며 기도하는 마음으로 성가를 부르는 데 있습니다. 저는 특정 성가의 가사를 뽑아 가

상칠언 묵상에 활용함으로써 묵상집을 읽으며 함께 성금요일 예배를 드리는 것 같은 분위기를 조성하려 했습니다. 각 장의 시작, 전통적인 가상칠언 구절은 제임스 흠정역을 썼지만, 본문에서 이 역본을 그리 자주 쓰지는 않았습니다. 본문 성서 구절은 주로 개정표준판The Revised Standard Version을 사용했음을 밝혀 둡니다.

플레밍 러틀리지

다른 죄수 두 사람도 예수와 함께 처형장으로 끌려갔다.

그들은 해골이라 하는 곳에 이르러서,

거기서 예수를 십자가에 달고,

그 죄수들도 그렇게 하였는데,

한 사람은 그의 오른쪽에, 한 사람은 그의 왼쪽에 달았다.

그 때에 예수께서 말씀하셨다.

"아버지, 저 사람들을 용서하여 주십시오.

저 사람들은 자기네가 무슨 일을 하는지를 알지 못합니다."

(루가 23:32~34)

|
**아버지, 저 사람들을 용서하여 주십시오.
저 사람들은 자기네가 무슨 일을 하는지를 알지 못합니다.**

다른 죄수 두 사람도 예수와 함께 처형장으로 끌려갔다. 그들은 해골이라 하는 곳에 이르러서, 거기서 예수를 십자가에 달고, 그 죄수들도 그렇게 하였는데, 한 사람은 그의 오른쪽에, 한 사람은 그의 왼쪽에 달았다. 그 때에 예수께서 말씀하셨다. "아버지, 저 사람들을 용서하여 주십시오. 저 사람들은 자기네가 무슨 일을 하는지를 알지 못합니다." (루가 23:32~34)

그리스도교에서 성금요일은 결정적인 날입니다. 1년 중 결정적인 날이기도 하지만, 동시에 세계사 전체를 놓고 보아도 결정적인 날입니다. '결정적'crucial이라는 말 자체를 생각해 볼 때도 그렇습니다. 이 표현은 '십자가'cross를 뜻하는 라틴어 '크룩스'crux에서 나왔습니다. 웹스터 사전은 '결정적'이라는 말에 대해 이렇게 정의합니다. '최종 선택, 혹은 최종 심판의 성격을 갖는 것, 가장 치명적이고 중대한 것을 가리킬 때 쓰는 말.' 성금요일은 이런 특징을 모두 갖고 있습니다.

초기 그리스도교인들은 예수 그리스도의 십자가와 부활이 온 우주, 온 시대의 결정적인 전환점이라고 선포했습니다.

> 그 아들은 보이지 않는 하느님의 형상이시요, 모든 피조물보다 먼저 나신 분이십니다. 만물이 그분 안에서 창조되었습니다. 하늘에 있는 것들과 땅에 있는 것들, 보이는 것들과 보이지 않는 것들, 왕권이나 주권이나 권력이나 권세나 할 것 없이, 모든 것이 그분으로 말미암아 창조되었고, 그분을 위하여 창조되었습니다. 그분은 만물보다 먼저 계시고, 만물은 그분 안에서 존속합니다. 그분은 교회라는 몸의 머리이십니다. 그는 근원이시며, 죽은 사람들 가운데서 제일 먼저 살아나신 분이십니다. 이는 그분이 만물 가운데서 으뜸이 되시기 위함입니다. 하느님께서는 그분의 안에 모든 충

만함을 머무르게 하시기를 기뻐하시고, 그분의 십자가의 피로 평화를 이루셔서, 그분으로 말미암아 만물을, 곧 땅에 있는 것들이나 하늘에 있는 것들이나 다, 자기와 기꺼이 화해시켰습니다. (골로 1:15~20)

하느님께서 옛날에는 예언자들을 통하여, 여러 번에 걸쳐 여러 가지 방법으로 우리 조상들에게 말씀하셨으나, 이 마지막 날에는 아들을 통하여 우리에게 말씀하셨습니다. 하느님께서는 이 아들을 만물의 상속자로 세우셨습니다. 그를 통하여 온 세상을 지으신 것입니다. 그는 하느님의 영광의 광채시요, 하느님의 본체대로의 모습이십니다. 그는 자기의 능력 있는 말씀으로 만물을 보존하시는 분이십니다. 그는 죄를 깨끗하게 하시고서 높은 곳에 계신 존엄하신 분의 오른쪽에 앉으셨습니다. 그는 천사들보다 훨씬 더 높게 되셨으니, 천사들보다 더 빼어난 이름을 물려받으신 것입니다. (히브 1:1~4)

이 책에서는 다른 모든 관심사는 잠시 내려놓고 저 놀라운 주장이 어떤 뜻을 담고 있는지를 묵상해보려 합니다.

네 편의 복음서는 나자렛 예수께서 십자가에 달리셨을 때

남기신 말씀을 일곱 개 수록하고 있습니다. 오랫동안 교회에서는 성금요일이 되면 저 일곱 말씀을 두고 묵상할 수 있도록 일곱 번의 설교를 진행했지요. 전통적으로 가장 먼저 묵상한 구절은 루가 복음서에 나오는 구절이었습니다.

> 아버지, 저 사람들을 용서하여 주십시오. 저 사람들은 자기네가 무슨 일을 하는지를 알지 못합니다.

여기서 우리는 용서받는다는 것이 무엇인지 먼저 성찰해 보아야 합니다.

두말할 것 없이, 성금요일은 잔혹한 날입니다. 2,000년 전 성금요일 사건을 주도한 세력은 폴 포트Pol Pot, 이디 아민Idi Amin, 사담 후세인Saddam Hussein 등 인류 역사를 통틀어 사람들을 무자비하게 고문해 죽인 여느 권력자들과 다름없이 잔혹하고 가차 없는 이들이었습니다. 21세기를 살아가는 우리는 이 세계 어디선가 지하 감옥에서 사람들이 사람 대우도 받지 못한 채 끔찍한 고문을 당하고 죽어간다는 이야기를 들으면 충격을 받고 공포를 느낍니다. 비인간적인 행동을 불법으로 간주하는 우리는 그런 행동들이 공공연하게 일어나는 모습을 상상할 수 없기 때문이지요.

그러나 예수 시대에 십자가형은 불법이 아니라, 오히려 법에 의해 집행되는 것이었습니다. 여러 형벌 중에서도 이 십자가형은 사람을 고문해 죽음에 이르게 하는 끔찍한 형벌이었는데, 지하 감옥이 아니라 공공장소에서, 다른 누구도 아닌 정부가 집행하는 형벌이었다는 점이 우리를 더욱 놀라게 합니다. 널리 알려진 멜 깁슨Mel Gibson의 《패션 오브 크라이스트》The Passion of the Christ조차 십자가 처형의 무시무시함을 충분히 전달하지는 못합니다. 십자가형을 실제로 본 적이 없는 우리는 그 끔찍함과 고통을 헤아리지 못합니다. 신약 시대에 십자가형은 낯선 일이 아니었습니다. 로마 제국의 힘이 닿는 모든 곳, 모든 길에는 십자가에 못 박힌 이들이 있었습니다. 제국의 지배 아래 있는 모든 사람은 십자가에 못 박힌 이들이 어떤 모습을 하고 있는지, 어떤 냄새를 풍기는지, 어떤 소리를 내는지 알고 있었습니다. 완전히 발가벗은 채 고통스러워하는 모습을 보았고, 그들의 몸에 어떤 변화가 일어나며 어떤 악취를 풍기게 되는지를 알았습니다. 짧게는 몇 시간, 어떤 경우에는 며칠 동안 계속되는 그들의 신음과 거친 숨소리를 들을 수 있었습니다.

가장 끔찍한 사실, 가장 충격적인 사실은 아무도 십자가에 못 박힌 이들에게 신경을 쓰지 않았다는 점입니다. 이 모든 일이 대중 앞에서 일어났지만, 대중은 그 일에 별다른 관심을 기울이지 않았습니다. 그래서 초기 그리스도교인들은 성금요일 예배를 드릴 때 예수의 수난을 재연하며 예레미야 애가의 구절을 붙였습니다.

> 길 가는 모든 이여, 이 일이 그대들과는 관계가 없는가? (애가 1:12)

당시 모든 유대인과 이방인은 십자가에 못 박힌 이를 천시하고 경멸했습니다. 십자가는 그 모두에게 보내는 명백한 신호와 같았습니다.

> 당신들 눈앞에 있는 이 사람은 살만한 가치가 없다. 이 사람은 인간이 아니다.

로마인들의 표현을 빌리면 십자가형을 받는 이는 "저주받아 죽어야 마땅한 짐승"이었습니다(오늘날 사람들은 짐승을 이런 식으로 취급하는 것조차 용납하지 않지요).

본래 십자가형에는 어떤 종교적인 의미도, 어떠한 희망도, 어떠한 영감을 주는 요소도 없었습니다. 오히려 십자가형은 사람들이 '음란함'obscene이라는 말의 본래 의미, 즉 (옥스퍼드 영어사전에 따르면) "역겹고, 혐오스럽고, 더럽고, 악취가 나며, 구역질 나는" 감정을 느끼게 하려는 의도로 만들어졌습니다. 이러한 와중에, 로마 제국 전역에서 십자가형이 빈번하게 이루어지고 있던 때 그리스도인들은 십자가에 못 박힌 타락한 범죄자, 저주받은, 짐승만도 못한 자가 하느님의 아들이자 세상의 구세주라 선언했습니다. 이 사실이 가장 중요합니다. 어떠한 기준으로도, 종교라는 기준에서 볼 때는 더더욱, 이는 상상할 수 없는 일이었습니다. 십자가에 못 박힌 나자렛 예수가 우리의 구세주라는 선언은 그리스도교 신앙의 가장 중요한 주장입니다. 이는 인간의 종교적 상상력으로는 만들어낼 수 없는 주장입니다. 대다수 사람이 받아들이는 영적 관념들로는 십자가에 못 박힌 메시아라는 낯선 관념에 이를 수 없습니다.

그리스도교 '문화'에 젖어 있는 우리에게는 십자가가 그리 낯설지 않습니다. 예배 때 십자가를 들고 행진하는 모습은 우리에게 별다른 불편함을 일으키지 않습니다. 심지어 적잖은 이들은 십자가를 목걸이로 만들어 걸기도 하지요. 그렇기에 십자가가 본래 자아낸 공포를 우리가 가늠해 보기란 불가능에 가깝습니다. 현대인들은 십자가를 다윗의 별이나 태

극 문양 같은 '종교적 상징'religious symbol으로 여기곤 합니다. 그러나 가장 근본적인 차원에서 십자가는 결코 '종교적'이 될 수 없습니다. 이는 아무리 강조해도 지나치지 않습니다. 우리는 이를 잊어버리기 쉽습니다. 우리는 폭력에 의한 죽음을 영적인 것, 영감을 주는 것처럼 보이게 하기 위해 시간이 흐를수록 낭만화하는 경향이 있습니다. 잔다르크Joan of Arc가 화형당한 모습을 그녀가 경외감에 눈을 뜬 채 불꽃에 휩싸이는 모습으로 묘사하는 작품들은 그 대표적인 예입니다. 백합으로 둘러싸인, 은은한 빛이 감싸고 있는 십자가를 보여주는 전형적인 '부활절' 카드 역시 마찬가지입니다. 이런 카드를 받고 십자가가 극도로 잔인한 도구였음을 떠올리지는 못하겠지요. 이런 상황에서 우리는 실제 십자가는 우리를 신앙의 핵심에 이르게 하는 가장 비종교적이고, 영적이지 않은 것임을 이해하려 노력해야만 합니다. 십자가는 우리의 종교성을 충족시켜 주는 도구가 아닙니다. 오히려 십자가는 그리스도의 죽음이라는 독특한 사건에 대한 강력한 증언입니다.

《패션 오브 크라이스트》를 통해 좋든 나쁘든, 많은 이가 십자가형이 자아내는 섬뜩함을 조금은 알게 되었습니다. 하지만 동시에 사람들은 《패션 오브 크라이스트》가 영화임을, 즉 현실이 아님을 알고 있습니다. 그렇기에 그 섬뜩함을 온전히 감지할 수는 없습니다(그리고 멜 깁슨은 희한하게도 십자가형보다 채찍질에 더 많은 관심을 기울이는 것처럼 보입니다). 이러한 맥락에서 놀랍게도 복음서 저자들은 예수 그리스도가 십자가형을 당했을 때 겪었을 육체의 고통에 대해 아무런 이야기도 전하지 않고 있습니다. 왜 그랬을까요? 아마도 그들이 다른 것을 강조하고 싶었기 때문일 것입니다. 성금요일 우리는 바로 저 '다른 것'을 이해하려 노력해야 합니다. 그 시작은 최근에 일어난 갈등들을 다시 돌아보는 것입니다. 이런저런 사태를 통해 우리는 전쟁 포로들을 전시하거나 모욕하는 것이 제네바 협약에 위배됨을 알게 되었습니다. 다시 한번 이야기하는데 십자가형은 그와는 반대로, 제국의 범죄자들을 전시하고, 그들에게 굴욕감을 안기기 위해 고안되었습니다. 십자가는 모든 대중이 볼 수 있도록 길가에 놓였습니다. 이를 통해 제국은 선전했습니다.

너희 앞에 있는 이 비참한 존재들은 너희와 같은 인간이 아니다.

십자가형의 희생자들은 벌레 마냥 십자가에 못박혔습니다. 아무런 의미도 없는 학대를 유도하기 위해서 말이지요. 대중은 그 순간 자신들이 해야 할 일은 저 사형을 언도 받은 이들을 향해 야유를 보내고 조롱하는 것임을 알고 있었습니다. 지금까지의 이야기에 담긴 신학적 의미를 생각해 봅시다. 십자가형은 우리 안에 숨은 가장 가학적이고 비인간적인 충동이 가장 끔찍한 모습으로 실현된 사례입니다. 하느님의 아들은 그 모든 것을 감내하셨고, 자기 안으로 받아들이셨습니다. 그분은 인류의 모든 잔혹함을 자신에게로 끌어모으셨습니다.

언젠가 역사가 피터 브라운Peter Brown은 신약성서는 우리에게 두 세계 사이에서의 삶, 로마 문화와 근동 문화 사이의 삶을 보여준다고 말한 바 있습니다. 십자가형은 로마인들에 눈에 불편하고 역겨운 형벌이었고 팔레스타인 사람들의 눈에는 더더욱 그러했습니다. 당시 근동 문화권에서는 몸과 개인의 명예를 동일시했고, 지금도 그러합니다. 이를테면 당시 범죄자의 신체 일부를 절단한다면 이는 잔인한 형벌을 가하거나 몸에 영구적인 손상을 입히는 것 이상의 의미를 내포하고 있었습니다. 이는 그 범죄자가 불명예스럽고 수치스러운 존재임을 보여주는 표식을 달고 남은 평생을 살아야 함을 의미했습니다. 몸에 가하는 형벌은 단순히 육체적인 고통뿐 아니라 불명예스러웠기 때문에 더 잔인한 형벌이었습니다. 이러한 맥락에서 수난 이야기는 수치를 안겨다 주는 고대의 의례를 보여줍니다. 예수를 조롱하는 것, 그를 향해 침을 뱉는 것, 경멸하는 것, 가시나무 왕관을 엮어 예수의 머리에 씌우고 자색 옷을 입히는 행동, 예수가 십자가에 매달렸을 때 머리 위에 "유대인의 왕"이라는 죄패를 붙인 것은 모두 예수에게 수치심을 주기 위한 의례의 일부였습니다. 십자가형은 그 의례의 절정이었지요.

예수를 조롱하는 장면을 담아낸 그림 중 탁월한 작품들은 예수를 고문하는 이들의 악랄함과 비인간성을 날카롭게 묘사하고 있습니다. 그들의 뒤틀린 표정에서 우리는 오늘날에도 종종 일어나는 집단 폭행에 가담한 이들의 표정을 엿봅니다. 전쟁 포로들을 학대하는 이들의 뒤틀린 쾌락을 봅니다. 세계 무역 센터로 돌진하는 테러리스트들이 보였다는, 기묘하고 싸늘한 미소를 엿봅니다.

예수의 십자가 수난을 묵상하는 지금, 우리 자신을 돌이켜 봅시다. 진정으로 우리 자신을 정직하게 돌아본다면, 우리도 그들처럼 특정 상황에 있을 때 언제든 끔찍한 행동을 할 수 있음을, 우리의 손을 더럽히지 않기 위해 다른 이들이 끔찍한 행동을 하도록 만들 수 있음을 인정할 것입니다. 2002년 이라크 전쟁 당시 한 군목은 이라크 남부 사막에 주

둔하고 있는 병사들 앞에서 이런 설교를 했습니다.

우리에게는 아직 상대해야 할 적이 남아 있습니다. 진실을
말씀드리면, 우리의 참된 적은 북쪽에만 있는 게 아닙니다.
우리의 참된 적은 바로 여기, 우리 마음에 있습니다.[1]

이런 속담이 있습니다. '그의 최대 적은 바로 그 자신이
다.' 하지만 이 속담은 남에 대해 말하듯 한다는 점에서 오
만한 말입니다. 우리의 최대 적은 바로 우리 자신입니다. 우
리는 이를 깨달아야 합니다. 《예수의 십자가 아래》Beneath the
Cross of Jesus라는 성가가 있습니다.

황폐한 땅 전능한 바위 그림자 아래
나 쉬길 원하네.
그곳은 광야에 있는 집,
뜨거운 햇볕을 피해,
하루의 짐을 내려놓고
쉴 수 있는 곳.

---

1 Michael Wilson, 'Protecting the Rear in 100 Degree Heat', *The New York Times*, 6 April 2003.

눈을 떠보니 예수의 십자가 보이네.

날 위해 고난받고 죽어가는 이의 모습이 보이네

고통스러운 마음에 나 눈물 흘리나 경이로 고백하네.

나 무능력하나 사랑은 이런 나 구원한다네.

오, 십자가 달리신 주님,

당신의 그림자 제 거처로 삼겠으니

당신의 얼굴에서 나오는 빛 외에는

다른 빛 바라지 않습니다.

나의 교만 버리고

득실을 따지지 않는 사랑 알게 되었으니

죄에 물든 나, 내 유일한 수치, 내 영광,

모두 십자가에 있네.[2]

성가 마지막 구절은 "나의 교만 버리고"라고 말합니다. 이는
우리가 "악한 사람"이라고 부르는 이들의 마음뿐 아니라 나,
그리고 우리의 마음에도 적이 깃들어 있음을 인정하고 이를
버리겠다는 뜻입니다. 성가는 "죄에 물든 나, 내 유일한 수
치, 내 영광, 모두 십자가에 있네"라는 고백으로 마무리됩니

---

2 *Hymn* 498 (Episcopal Hymnal 1982), 'Beneath the Cross of Jesus', words by
   Elizabeth Cecilia Clephane (1830-1869), alt.

다. 여기서 주목해 보아야 할 말은 "수치"입니다. 십자가형은 수치스러운 형벌이었습니다. 히브리인들에게 보낸 편지는 특별히 이 점을 강조합니다.

> 우리 주님께서는 수치를 마음에 두지 않으시고, 십자가를
> 참으셨습니다. (히브 12:2)

다른 사람은 다 그렇다 해도, 예수는 이런 수치를 당해야 할 분이 아니었습니다. 누가 수치스러워야 합니까? "죄에 물든" 우리입니다. 우리가 우리의 "유일한 수치"입니다. 예수께서 수난을 감내하시는 것은 우리의 수치입니다. 그분을 향한 조롱, 그분을 향한 고문, 그리고 그분의 죽음에서 우리는 우리가 지닌 최악의 면모를 봅니다. 그리고 바로 이 지점에서 우리는 기억해야 합니다. 십자가에서 처음 나온 예수의 말씀은 선하고 죄 없는 이들을 위한 기도가 아니었습니다. 그는 끔찍한 일을 저지르고 있는 이들을 위해 기도합니다. 가학적인 행위를 저지르는 이들을 위해, 거룩하신 아버지께서 그들에게 자비를 베풀어주시기를 기도합니다. 예수는 그의 '적'들을 위해 기도합니다.

아버지, 저 사람들을 용서하여 주십시오. 저 사람들은 자기
네가 무슨 일을 하는지를 알지 못합니다.

이 말씀은 인류가 온전히 이해하지 못하는 무언가에 꽉 붙들
려 있음을 암시합니다. 우리 마음에 깃든 악은 우리가 아는
것보다 훨씬 더 거대하며 어둡습니다. 예수의 저 기도는 여
러분과 제가 할 수 있는 모든 일, 모든 말에 닿습니다. 잊지
마십시오. '모든 일'과 '모든 말'입니다. 그리고 저 기도는 누
구도 저 기도에서 벗어날 수 없음을 뜻합니다. 우리의 최악
의 면모를 위한 그분의 기도는 우리의 이해를 넘어서는 곳에
서 나옵니다. 그곳에 하느님의 권능이 있습니다. 이 말씀은
늘 생전 처음 듣는 말처럼 새롭게 들립니다. 우리 한 사람 한
사람을 향하는 말로 들립니다. 그분의 살아 있는 영이 말씀
하시기 때문입니다.

아버지, 저 사람들을 용서하여 주십시오. 저 사람들은 자기
네가 무슨 일을 하는지를 알지 못합니다.

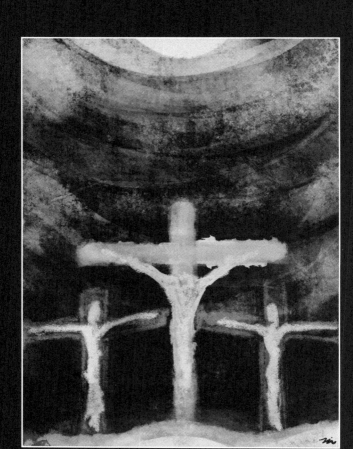

다른 죄수 두 사람도 예수와 함께 처형장으로 끌려갔다.
그들은 해골이라 하는 곳에 이르러서, 거기서 예수를
십자가에 달고, 그 죄수들도 그렇게 하였는데,
한 사람은 그의 오른쪽에, 한 사람은 그의 왼쪽에 달았다.
예수와 함께 달려 있는 죄수 가운데 하나도 그를 모독하며
말하였다. "너는 그리스도가 아니냐? 너와 우리를
구원하여라." 그러나 다른 하나는 그를 꾸짖으며 말하였다.
"똑같은 처형을 받고 있는 주제에, 너는 하느님이 두렵지도
않으냐? 우리야 우리가 저지른 일 때문에 그에 마땅한 벌을
받고 있으니 당연하지만, 이분은 아무것도 잘못한 일이
없다." 그리고 나서 그는 예수께 말하였다. "예수님, 주님이
주님의 나라에 들어가실 때에, 나를 기억해 주십시오."
예수께서 그에게 말씀하셨다. "내가 진정으로 네게 말한다.
너는 오늘 나와 함께 낙원에 있을 것이다."

(루가 23:32~33, 39~43)

II

내가 진정으로 네게 말한다.
너는 오늘 나와 함께 낙원에 있을 것이다.

다른 죄수 두 사람도 예수와 함께 처형장으로 끌려갔다. 그들은 해골이라 하는 곳에 이르러서, 거기서 예수를 십자가에 달고, 그 죄수들도 그렇게 하였는데, 한 사람은 그의 오른쪽에, 한 사람은 그의 왼쪽에 달았다. 예수와 함께 달려 있는 죄수 가운데 하나도 그를 모독하며 말하였다. "너는 그리스도가 아니냐? 너와 우리를 구원하여라." 그러나 다른 하나는 그를 꾸짖으며 말하였다. "똑같은 처형을 받고 있는 주제에, 너는 하느님이 두렵지도 않으냐? 우리야 우리가 저지른 일 때문에 그에 마땅한 벌을 받고 있으니 당연하지만, 이분은 아무것도 잘못한 일이 없다." 그리고 나서 그는 예수께 말하였다. "예수님, 주님이 주님의 나라에 들어가실 때에, 나를 기억해 주십시오." 예수께서 그에게 말씀하셨다. "내가 진정으로 네게 말한다. 너는 오늘 나와 함께 낙원에 있을 것이다." (루가 23:32~33, 39~43)

십자가는 이 세상에서 쓰레기 취급 당하는 이들이 받는 형벌, 우리가 흔히 범죄자라 부르는 이들이 받는 형벌이었습니다. 좀 특별한 범죄자들, 영향력 있는 특권층 출신의 범죄자들은 결코 십자가형을 받지 않았지요. 이를 묵상해보는 일은 매우 중요합니다. 예수께서는 우리가 바라는 일과 정반대로 나아가셨습니다. 우리는 이 사회에서 쓰레기 취급받기를 원하지 않습니다. 하지만 예수는 스스로 쓰레기가 되셨습니다.

언젠가 도시 외곽에 있는 저희 집에 페인트칠을 해 준 동유럽 출신 남성과 이야기를 나눈 적이 있습니다. 그는 당시 자신이 살고 있는 마을에서 일어나고 있는 변화에 불쾌함을 표시하며 "나쁜 부류"가 마을에 들어오고 있다고 말했습니다. 이때 "나쁜 부류"는 다른 피부색을 지닌, 다른 언어를 하는 이들을 가리켰지요. 이 말은 제 마음에 남았습니다. 우리는 너무나도 손쉽게 우리에게 낯선 동료 인간들을 "나쁜 부류"라는 범주에 집어넣곤 하지요. 저 또한 이와 같은 생각에서 완전히 자유롭지 못합니다. 한때 뉴욕으로 가는 기차에는 아프리카계 미국인들이 가득했습니다. 하지만 이제 대다수 승객은 스페인어를 하는 노동자들이지요. 저는 불현듯 드는 소외감을 잊기 위해 그들의 이야기를 상상하려 노력하곤 합니다. 미국에 오기까지 얼마나 많은 고초를 겪었을지, 현재 얼마나 길고도 고된 일을 하는지, 그렇게 해서 번 돈을 고향에 있는 아내와 아이들에게 보내기 위해 얼마나 지저분한 환경에서 살고 있는지를 말이지요. 설령 곤경에 처하게 되더라도 그는 전화를 걸 변호사 친구도 없고, 이름이라도 팔 수 있는 아는 판사도 없습니다. 자신을 위해 보증을 서 줄 사람을 알지도 못합니다.

평생 예수께서는 저 "나쁜 부류"와 함께하셨습니다. 죽음을 맞이할 때도 마찬가지셨지요. 그분은 두 "중대 범죄자", 두 범법자 사이에서 십자가에 못 박히셨습니다. 이와 관련해 오래된 속담이 있습니다.

예수께서는 제대 위 두 촛불 사이에서

십자가에 못 박히시지 않았다.

그분은 골고다 언덕 위 두 도둑 사이에서

십자가에 못 박히셨다.

인상적인 말입니다. 하지만 저들은 단순한 도둑이 아니었습니다. 마르코와 마태오에 따르면 그들은 단순 절도범보다 훨씬 더 흉악한 범죄자들이었습니다. 그들은 도적떼, 무장 강도였습니다. 도둑질뿐만 아니라 여차하면 살인도 일삼은 폭력적인 사람들이었습니다. 그들은 어떤 의미로든 하느님 곁에 있기에 적절치 않은 "부류"였습니다. 그런데 복음서는 주님께서 두 강도 사이에서 십자가에 못 박히셨다고, 그들과 함께 행인들의 경멸을 받으셨다고 증언합니다. 우리가 생각하는 신 관념에 비추어 보면 매우 기이하고, 기괴하며, 받아들일 수 없는 모습입니다. 그리고 성금요일은 이 장면을 우리에게 제시함으로써 낯설디 낯선 하느님의 본성에 대해 깊이 생각해볼 것을 요구합니다. 여러분은 인류 역사를 통틀어 자신들의 신앙 중심에 이런 불쾌한 사실이 있다고 강조하는 종교를 본 적이 있습니까? 종교사를 아무리 뒤져보아도 신의 모습을 이런 식으로 그려낸 종교는 없습니다. 어떤 이야기도 이처럼 기괴하게 다가오지는 않습니다. 한 성가는 노래합니다.

오 거룩하신 주님,

상처 입으시고 더럽혀지시고, 경멸당하셨네.

왕이신 주님, 가시 왕관 쓰시고 조롱받으셨네.

어떤 슬픔이 당신의 장엄함을 훼손합니까?

어떻게 죽음이 당신의 꽃을 꺾을 수 있습니까?

천사들이 흠모하는 영광의 얼굴,

오랫동안 갈망하던 아름다움이

우리의 시야에서 사라졌다네.

그분의 힘이 소멸했다네. 빛의 빛이 꺼졌다네.

아, 당신은 누구를 위해 당신의 목숨을 버리십니까,

부디 당신의 은총을 숨기지 마소서.

가장 존귀한 사랑이시여,

당신의 밝디밝은 얼굴을 제게 보여주소서.

당신께서는 지극히 쓰라린 수난을 겪으시며

나를 구원하시기 위해 십자가에서 죽음을 택하셨습니다.

이를 알기에 제 마음은 당신과 함께 웁니다.

아, 주님, 제 마음을 움직이셔서

십자가에 달린 당신을 애통해하기 위해,

그런 당신의 죽음에 감사하기 위해

저를 당신의 십자가 아래 두소서.[1]

성가의 노랫말대로, 거룩하신 구세주께서는 "더럽혀지시고, 경멸당하셨"습니다. 만인에게 당신의 헐벗은 모습을 보이셨습니다. 그분은 벌레들에게 시달리고 흙과 땀, 피와 배설물로 덮인 채 조롱당하고, 침을 맞고, 죽을 만큼 매질 당했습니다. 이 장면, 너무나도 곤혹스러운 장면은 해석을 요구합니다. 설명을 요구합니다. 도대체 하느님의 아들이 왜 이렇게 되신 걸까요? 우리는 이 결정적인crucial 문제를 더 깊게 파고들어가야 합니다.

네 복음서 저자(마태오, 마르코, 루가, 요한)는 모두 우리에게 십자가에 달리신 주님 곁에 달린 두 중범죄자에 대해 알려주려 합니다. 십자가에 달린 예수 곁에 있던 두 범죄자 이야기는 예수 전승 중에서도 매우 중요한 부분 같습니다.

구약성서에서는 예언했습니다.

그는 범죄자 중 하나로 헤아림을 받았다. (이사 53:12)

---

[1] *Hymn* 168 (Episcopal Hymnal 1982), 'O Sacred Head, Sore Wounded', words by Paulus Gerhardt (1607-1676), stanzas 1-3 and 5 translated by Robert Seymour Bridges (1844-1930), stanza 4 translated by James Waddell Alexander (1804-1859).

실제로 예수가 십자가형을 받을 때 그는 영향력 있는 종교 집단의 구성원으로 "헤아림 받지" 않았습니다. 어떤 정치 운동의 일원으로 헤아림 받지도 않았습니다. 지역 사회를 떠받치는 선량하고 강직한 대들보 같은 인물로 여겨지지도 않았습니다. 시민들의 지도자, 혹은 기업 총수, 교회 지도자에 포함되지도 않았습니다. 그는 "범죄자 중 하나로 헤아림을 받았"습니다. 오직 "나쁜 부류"들만 십자가에 못 박혔기 때문입니다. 예수는 도리에 어긋난 사람으로 간주되어 '선량한 이웃', '괜찮은 사람들'에게 쫓겨나 "성문 밖에서 고난"(히브 13:12) 받았습니다. 그는 "범죄자 중 하나로 헤아림을 받았"습니다.

여기서, 저는 제가 존경하는 한 사람, 버지니아 듀어Virginia Durr 여사를 떠올리곤 합니다. 유년 시절 듀어는 알라바마의 특권층으로 자랐으며 자신이 소속된 사회에 대해 의구심을 가질 필요가 없었습니다. 그녀는 백인 상류층 사회라는 '마법진'magic circle에 속해 있었고, 사교계에서 활발히 활동했으며 이에 따르는 모든 것을 누렸습니다. 하지만 저 유명한 몽고메리 버스 보이콧이 시작된 날 밤, 듀어는 남편과 함께 로자 파크스Rosa Parks를 구하기 위해 몽고메리에 있는 경찰서를 찾았습니다. 그 날 이후 인종차별이 극심했던 남부에서 그녀는 더는 예전과 같은 대우를 받지 못했습니다. 이후 남편 클리포드 듀어는 변호사 자격을 상실했고, 몽고메리에 사는 수많은 백인은 더는 그들 부부와 이야기를 나누지 않았지요. 듀어 여사는 자서전에 『마법진 밖으로』Outside the Magic Circle라는 제목을 붙였습니다.[2] 듀어 부부는 우리에게 오시고 우리 가운데 사신 하느님의 아들, 마법진 밖에 있는 존재가 되신 분이 지신 짐을 짊어졌습니다. 성금요일 십자가의 마지막 말씀을 묵상하는 시간으로 들어가는 것은, 십자가에 달리신 이와 함께 '고결한 사람'들은 절대 가지 않는 "진영 밖으로 나가"(히브 13:13)는 것입니다.

　　루가는 두 도적과 그들이 예수에게 한 말에 대해 자세히 알려주며, 우리가 그 이야기에 빠져들게 합니다. 루가의 이야기는 이 두 중범죄자의 모습에서 우리 자신을 보도록 초대합니다. 그들은 모두 우리와 닮았습니다. 첫 번째 도적과 두 번째 도적 모두 말이지요. 먼저 우리는 왼편에 있는 도적과 닮았습니다. 이 도적처럼 우리도 예수를 향해 말합니다.

2　듀어 여사가 쓴 편지들도 책으로 출간되었습니다. 다음을 보십시오. Patricia Sullivan(ed.), *Freedom Writer: Virginia Foster Durr's Letters from the Civil Rights Years* (New York: Routledge, 2003)

당신은 그리스도가 아니오? 당신도 구원하고 우리도 구원해보시오.

이 도적이 그러하듯 우리는 십자가에서 예수의 능력이나 그 징표를 보지 못합니다. 하느님의 아들이 어떻게 이런 끔찍한 상황에 붙잡혀 아무런 일도 하지 않을 수 있는지 의아해하면서 말이지요. 우리 대부분은 이렇게 수치스러운 일에 연루되기를 바라지 않습니다. 그리고 그런 우리에게 십자가는 매우 혼란스러운 징표로 다가옵니다. 십자가는 나약함의 징표이고 추함의 징표이며 실패의 징표이고 불가해함의 징표입니다. 솔직히 인정합시다. 우리는 십자가를 좋아하지 않습니다. 그렇기 때문에 성금요일 교회를 찾는 이들보다 부활주일에 교회를 찾는 이들이 더 많은 것이겠지요. 우리는 십자가의 영광보다 부활의 영광을 갖고 싶어 합니다.

하지만, 첫 번째 말씀을 살피며 이야기했던 성가 구절을 떠올려 봅시다.

죄에 물든 나, 내 유일한 수치, 내 영광,
모두 십자가에 있네.

우리는 예수 오른쪽에 있던 도적처럼, 성금요일에 축복을 받는 자신을 발견할 수도 있습니다. 다른 이들은 무력함, 고통, 죽음이라는 끔찍한 모습 외에는 아무것도 발견할 수 없는 곳에서, 우리는 영광을 보는 축복을 받을 수도 있습니다. 두 번째 도적이 예수에게서 본 것은 무엇이었습니까?

상상해 보십시오. 우리 앞에 세 남자가 십자가에 매달려 있습니다. 예수의 모습은 머리 위에 "유대인의 왕"이라는 조롱조의 명패가 있다는 것 외에는 두 도적과 분간조차 되지 않습니다. 그 끔찍한 고통 가운데, 고문당하고 죽어가는 한 남자의 얼굴에서 두 번째 도적은 무엇을 본 것일까요? 거기서 그는 왕의 어떤 면모를 엿본 것일까요? "아버지, 저 사람들을 용서하여 주십시오"라는 말을 들은 것일까요?

여러분은 여러분 앞에 놓인 십자가에서 무엇을 보고 있습니까? 무엇이 보입니까? 두 번째 도적은 말했습니다.

예수님, 주님이 주님의 나라에 들어가실 때에,
나를 기억해 주십시오.

구약에서 하느님이 "기억"하실 때 이는 분명한 의미를 갖고 있습니다. 이때 "기억하다"는 단순히 "생각하다", "무언가를 떠올리다"라는 뜻이 아닙니다. 그보다 훨씬 더 적극적이고 강한 의미를 갖지요. 하느님께서 "기억"하실 때 그분은 단순히 우리를 떠올리시지 않습니다. 그분은 우리를 위해, 우리를 구원하시기 위해 당신의 능력을 가지고 활동하십니다. 어찌된 일인지 모르지만, 예수 오른쪽에서 십자가에 달린 범죄자는 그날 누구도 보지 못한 것을 볼 수 있었습니다. 그는 예수께서 고통받고 죽어가는 가운데서도 왕으로 통치하시는 모습, 사람들의 운명을 결정하시는 모습을 보았습니다. 루가는 예수를 그런 식으로 보는 것이야말로 그를 올바로 보는 것이며 그의 힘의 근원을 제대로 이해하는 것이라 말하고 있습니다. 그리스도께서는 어떤 표징이나 기적, 마술과 현혹, "충격과 공포"가 아니라 하느님 자신의 희생이라는 궁극적인 활동으로 우리를 다스리십니다. 예수의 능력은 오직 예수의 죽음을 통해서만 알려집니다.

다시 한번, 여러분에게 묻습니다. 여러분은 예수께서 여러분을 위해 생명을 바치셨다고, 여러분이 그 정도로 소중한 사람이라고 여길 수 있습니까? 두 번째 도적처럼 예수께 "예수님, 주님이 주님의 나라에 들어가실 때에, 나를 기억해 주십시오"라고 말할 수 있습니까? 예수의 죽음은 도적들, 문명화된 세계의 반대편에 있는 "나쁜 부류"만을 위한 죽음이 아니었습니다. 그분은 우리를 위해서, 순진함이라는 가면을 쓴 채 스스로 의롭다는 망상에 빠진 우리를 위해 십자가에 매달리셨습니다. 그분은 '우리 모두'를 위해 죽음을 맞이했습니다.

오늘의 성가는 예수의 자기 희생에 담긴 의미를 좀 더 깊이 새길 수 있는 기회를 줍니다.

> 아, 당신은 누구를 위해 당신의 목숨을 버리십니까,
> 부디 당신의 은총을 숨기지 마소서.
> 가장 존귀한 사랑이시여,
> 당신의 밝디밝은 얼굴을 제게 보여주소서.
> 당신께서는 지극히 쓰라린 수난을 겪으시며
> 나를 구원하시기 위해 십자가에서 죽음을 택하셨습니다.[3]

이 말이 우리에게 예수의 죽음에 담긴 힘을 보여줍니다. 그리스도인으로서 우리는 그분의 생명, 오늘 우리 안에서 일하기 시작하는 생명을 선물로 받았음을 확신합니다. 그분의 생명이 우리 안에 뿌리내릴 때, 우리는 하느님께서 인류에 속

---

3   *Hymn* 168 (Episcopal Hymnal 1982), 'O Sacred Head, Sore Wounded', words by Paulus Gerhardt (1607-1676).

한 모든 '부류'에 무한한 가치를 부여하셨음을 점점 더 깨닫게 될 것입니다. 그때 우리는 우리 자신뿐만 아니라, 인간이 정한 어떤 기준으로 보아도 구원받을 수 없으리라 여겨진 이들, 그러나 이제는 그리스도와 함께 천국에서 영원한 기쁨의 운명을 약속받은 모든 이를 위해 기뻐할 것입니다.

너는 오늘 나와 함께 낙원에 있을 것이다.

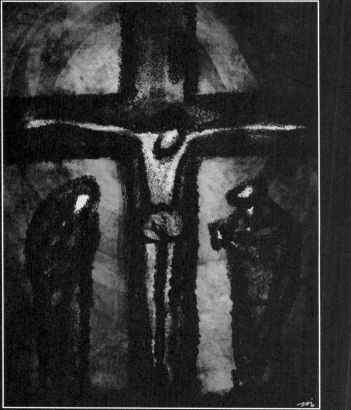

그런데 예수의 십자가 곁에는 예수의 어머니와 이모와
글로바의 아내 마리아와 막달라 사람 마리아가 서 있었다.
예수께서는 자기 어머니와 그 곁에 서 있는
사랑하는 제자를 보시고, 어머니에게
"여자여, 이 사람이 당신의 아들이다" 하고 말씀하시고,
그다음 제자에게는 "이 사람이 너의 어머니시다" 하고
말씀하셨다. 그때부터 그 제자는 그녀를 모셨다.

(요한 19:25~27)

III

여자여, 이 사람이 당신의 아들이다. ...
이 사람이 너의 어머니시다.

그런데 예수의 십자가 곁에는 예수의 어머니와 이모와 글
로바의 아내 마리아와 막달라 사람 마리아가 서 있었다.
예수께서는 자기 어머니와 그 곁에 서 있는 사랑하는 제
자를 보시고, 어머니에게 "여자여, 이 사람이 당신의 아들
이다" 하고 말씀하시고, 그다음 제자에게는 "이 사람이 너
의 어머니시다" 하고 말씀하셨다. 그때부터 그 제자는 그
녀를 모셨다. (요한 19:25~27)

설교를 하러 전국 곳곳을 다니면서 저는 교회에 대해 많
은 것을 배우곤 합니다. 한번은 성주간에 저와 같은 중년의

부부와 함께 지낸 적이 있습니다. 그 집에는 루바라는 이름을 가진 젊은 여성이 부부와 함께 살고 있었지요. 그곳에 머물며 저는 그녀가 어떻게 살아왔는지를 들었습니다. 우크라이나 출신의 오순절 그리스도교인인 루바는 1980년대 공산주의의 탄압을 피해 미국으로 건너왔습니다. 그녀의 할아버지는 자신의 신앙을 고수하다 감옥에 갇혔고, 가족들은 언제 당국이 성서를 압수하러 올까 두려워하며 살았습니다. 이후 루바 가족은 각자 여행 가방 하나씩만 들고 미국에 왔는데, 처음에는 "감사합니다"라는 말 빼고는 영어를 한 마디도 할 줄 몰랐습니다. 결국, 그들은 피츠버그에 정착했고, 그곳에 있는 슬라브 오순절 교회에서 마음 편히 예배를 드릴 수 있게 되었지요. 이후 루바는 육아 도우미 일을 구하기 위해 살던 곳을 떠나 몇 주간 다른 도시를 여행했습니다. 그러다 성주간 저를 머물게 해 준 그 부부를 만나게 된 것이지요. 부부는 루바가 아이들을 잘 돌볼 만큼 유능할 뿐 아니라 똑똑하며 신실한 그리스도교 신자라는 것을 알게 되었습니다. 그래서 그들은 루바에게 자신들과 함께 살자고 제안하고 그녀가 대학에 갈 수 있도록 도와주었습니다. 부부의 도움이 없었다면 루바는 대학에 갈 수 없었겠지요. 제가 루바를 만났을 때 그녀는 사실상 부부의 딸과 다름없었습니다.

이야기를 하나 더 들려드리겠습니다. 1990년대 저는 그리니치 빌리지에 있는 한 로마 가톨릭 교회에서 설교를 해달라는 초대를 받은 적이 있습니다. 덕분에 넓고 편안한 사제관에서 4일을 묵을 수 있었지요. 거기 머무는 내내 저는 포도주와 함께 훌륭한 식사를 했습니다. 이 좋은 식사를 준비하고 차려준 이들은 카멜라와 필라라는 명랑하고 활기찬 여성들이었습니다. 그 기간 사제관에서 사람들과 함께했던 점심 식사만큼 즐거운 식사는 없었습니다. 아일랜드에서, 이탈리아에서, 필리핀에서 며칠 또는 몇 주를 보내기 위해 주교, 성직자, 평신도 교사들이 끊임없이 사제관을 찾아와 함께 식사를 나누며 이야기를 나누었기 때문이지요. 식사 자리에서 펼쳐진 이야기는 고도의 신학적인 논의와 유쾌한 농담을 오가곤 했습니다. 제가 그들의 일부이고 그들도 저의 일부라고 느꼈습니다. 놀라운 경험이었지요. 성공회 사제 서품을 받은 개신교 여성이었지만, 저는 그곳에서 완벽한 편안함을 느꼈습니다. 마치 천국에 있는 것만 같았지요. 저는 그 추억을 평생 간직할 것입니다. 그래서일까요, 오늘날 로마 가톨릭교회를 둘러싼 온갖 추문들을 들으면 가슴이 아픕니다. 많은 개신교 교회 역시 같은 죄악에서 자유롭지 못하다는 사실을 염두에 두면 더더욱 그렇지요. 하느님께서 그리스도의 모든 교회가 마땅히 해야 할 일을 하지 않고, 잘못된 것을 보고도 못 본 체하며, 잘못을 저지르고도 변명만을 일삼는 죄의 굴레에서 건져 주시기를 기도합니다.

그렇다면 제가 지금까지 한 이야기, 루바 이야기와 로마 가톨릭 교회에서 사제, 수녀들과 식사를 나눈 이야기와 십자가 위 예수께서 세 번째로 남기신 말씀은 무슨 관련이 있을까요? 요한에 따르면 십자가에서 달린 그는 자신을 보던 어머니를 향해 말했습니다.

여자여, 이 사람이 당신의 아들이다.

그리고 그녀와 함께 서 있던 "사랑하는 제자"에게 말했습니다.

이 사람이 너의 어머니시다.

"그때부터 그 제자는 그녀를 모셨"습니다.

이 말은 주로 이렇게 해석되곤 합니다.

· 예수는 자신의 어머니를 깊이 사랑했다.

- 예수는 어머니의 앞날을 걱정했다.
- 그러므로 이 말은 어머니에 대한 사랑, 죽음을 맞이하는 순간조차 어머니의 안녕을 묻는, 그녀를 향한 예수의 관심을 보여준다.
- 그러므로 우리도 예수처럼 우리의 어머니를 돌보아야 한다.

4세기 아우구스티누스도 이런 식으로 위 말을 해석했지요.[1] 그러나 많은 신학자는 이런 해석이 적절하지 않다고 이야기합니다. 요한 복음서의 신학, 요한 복음서에 나오는 수난 서사와 전혀 들어맞지 않기 때문이지요. 이 복음서에서 예수의 어머니는 고작 두 번 등장하며, 그녀의 이름 마리아는 전혀 언급되지 않습니다.

우리가 예수의 어머니 마리아를 특별하게 여기는 이유는 루가 복음서 때문입니다. 루가 복음서에서는 그녀를 품성이 특별한 인물로 그리고 있지요. 하지만 요한 복음서에서는 그런 식으로 묘사하지 않습니다. 이 네 번째 복음서에서 예수의 어머니는 일종의 상징처럼 묘사됩니다. 앞서 언급한 본

---

1 우리는 아우구스티누스와 그의 어머니 모니카의 관계가 매우 복잡했다는 점을 염두에 두어야 합니다.

문에서도, 갈릴리 가나에서 혼인 잔치가 열렸을 때도 예수는 그녀를 "여자"라고 부릅니다.

> 사흘째 되는 날에 갈릴리 가나에 혼인 잔치가 있었다. 예수의 어머니가 거기에 계셨고, 예수와 그의 제자들도 그 잔치에 초대를 받았다. 그런데 포도주가 떨어지니, 예수의 어머니가 예수에게 말하기를 "포도주가 떨어졌다" 하였다. 예수께서 어머니에게 말씀하셨다. "여자여, 그것이 나와 당신에게 무슨 상관이 있습니까? 아직도 내 때가 오지 않았습니다." (요한 2:1~4)

오늘날 우리에게 "여자여"라는 표현은 매우 무례한 말로 보입니다. 하지만 예수가 활동하던 당시 남자가 여자를 이런 식으로 부르는 것은 자연스러운 일이었습니다. 이를테면 요한 복음서 4장에서 예수는 우물가에서 만난 사마리아 여인에게도 "여자여"라고 말하지요(4:21). 물론 그 당시에도 남자가 자기 어머니를 향해 "여자여"라고 부르지는 않았습니다.[2]

---

[2] 다음의 책을 주로 참조했습니다. Raymond E. Brown, *The Death of the Messiah: From Gethsemane to the Grave*, 2 vols., Anchor Bible Reference Library (New York: Doubleday, 1994), 1019~26. 『앵커바이블 메시아의 죽음 1,2』(기독교문서선교회)

그렇다면 우리는 이 전체 맥락을 생각해보아야 합니다. 성금요일은 '어머니의 날'이 아닙니다. 그리스어 본문을 보면 (전통에서는 요한이라고 부르는) "사랑하는 제자"는 바로 그 즉시 어머니를 모셨다고, 문자 그대로 번역하면 바로 그 시간 자신의 가족으로 삼았다고 이야기하지요. 많은 번역본에서는 사랑하는 제자가 어머니를 자기 "집"에 모셨다고 하지만 그리스어 본문에 그런 내용은 없습니다. 소아시아 에페소스에 가 보면 요한이 예수의 부활 이후 마리아를 모시고 가 함께 살았다는 집이 있지만, 이를 실제 집으로 볼 근거는 전혀 없습니다. 오늘날 성서학계에서는 아우구스티누스식의 해석이 적절치 않다는 데 의견을 같이 합니다.[3] 십자가 위 예수께서 하신 말씀은 그보다 훨씬 더 우리에게 중요한 함의를 갖고 있습니다. 이 말씀은 어머니에게 잘하라는 권고가 아닙니다. 이 말은 예수의 능력을 통해 새롭게 탄생하는 공동체에 관한 이야기입니다.

요즘 사람들은 교회에 가지 않아도 신앙생활을 할 수 있다고 손쉽게 이야기합니다. 자신의 '공동체'community는 교회

---

3 로마 가톨릭 학자든, 개신교 학자든 요한 복음서에서 "예수의 어머니"는 이후 마리아처럼 기능하지 않는다고 이야기합니다. 다음을 보십시오. R. E. Brown, K. P. Donfried(ed.), *Mary in the New Testament* (Philadelphia: Fortress Press/New York: Paulist Press, 1978), 206~18.

가 아니라 '자기'를 지지하는 단체, '자기'가 속한 사회단체, '자신의 정치적 신념'을 뒷받침하는 집단이라고 말하곤 하지요. 군인에게는 자신이 속한 부대가 있고, 소방관에게는 자신이 속한 소방서가 있듯이 말입니다. 특히 사람들은 이런저런 이유로 '제도 교회'를 질타합니다. 오늘날 교회는 너무나도 타락해 "티끌과 잿더미 위에 앉아" 하느님을 향해 참회해야 한다면서 말이지요. 일리가 있습니다. 그러나 그리스도교 공동체에는 비판하는 이들이 고려하지 않은 중요한 속성이 있습니다. 자신이 해야 할 바를 하고 있다면, 그리스도교 공동체에는 공통점이 전혀 없는, 현실에 대한 견해가 완전히 다를 수도 있고, 심지어는 서로 대놓고 싫어하는 이들이 모인다는 점입니다. 성령이 함께하는 그리스도교 공동체는 구성원들의 '다름'을 고려하지 않습니다. 개인의 호불호는 그리스도의 몸과 아무런 관련이 없습니다. "세례를 받아 그리스도와 하나가 되고, 그리스도를 옷으로 입은 사람들"에게는 "유대 사람도 그리스 사람도, 종도 자유인도, 남자와 여자"도 없고 "모두가 그리스도 예수 안에서 하나이기 때문입니다"(갈라 3:28).

예수께서는 자신의 피로 언약을 다시 씀으로서 이전에는 존재하지 않았던, 완전히 새로운 사건을 일으키셨습니다. 제자에게 자신의 어머니를 맡김으로써 이전에는 존재하지 않았던 새로운 관계를 빚어냈습니다. 이제 "제자"와 "여자"는 단순한 개인이 아닙니다. 그들은 이제 상징으로 기능합니다. 두 사람은 성령이 그들을 새로운 가족, 즉 교회로 묶어내고, 이제 성령의 유대가 혈연의 유대를 뛰어넘었음을 보여줍니다. 요한 복음서에서 예수께서 자신의 어머니를 "여자"라고 부르시는 이유는 바로 이 때문입니다. 그분은 훨씬 더 넓은 가족을 창조하시기 위해 혈연관계를 제쳐 두십니다.

마르코 복음서는 같은 이야기를 다른 방식으로 이야기합니다.

> 무리가 예수의 주위에 둘러앉아 있다가, 그에게 말하였다. "보십시오, 선생님의 어머니와 동생들과 누이들이 바깥에서 선생님을 찾고 있습니다." 예수께서 그들에게 대답하셨다. "누가 내 어머니이며, 내 형제들이냐?" 그리고 주위에 둘러앉은 사람들을 둘러보시고 말씀하셨다. "보아라, 내 어머니와 내 형제자매들이다. (마르 3:32~34)

여기서도 우리는 예수께서 사람들을 새로운 관계로 부르시는 모습을 봅니다. 물론 그분이 혈연 가족을 위한 공간을 완전히 없애신 것은 아닙니다. 그분은 사람들에게 아내와 아이들을 다 제쳐두고 전도에만 힘쓰는 선교사가 되라고 권고하지 않으셨습니다. 하지만 저 구절에서 우리는 혈연과 무관하고, 별다른 공통점도 심지어는 서로에 대해 별다른 매력도 느끼지 않는 이들이 그리스도의 영을 통해 어머니, 아버지, 형제, 자매로 새롭게 창조되는 모습을 봅니다. 이것이 예수께서 자신의 피로 쓰신 새로운 언약입니다.

그리스도께서 다시 오실 때까지 교회에는 언제나 죄가 있을 것입니다. 하지만 그럼에도 불구하고 우리는 그곳이 교회임을 알 수 있는 징표들을 볼 수 있습니다. 그리스도 안에서, 그분을 통해 언제나 새로운 가족이 만들어지고 있음을 말이지요. 성령께서 그리스도의 몸을 이루는 모든 교회, 모든 지체에 새롭게 임하시기를 바랍니다. 하느님께서는 세상 모든 백성이 이곳에 오는 것을 기뻐하십니다. 그리스도에게 속한 우리가 다시금, 새롭게 우리의 소명에 헌신하여 예수의 이름으로, 우리의 선과 그분의 영광을 위하여 혈연, 인종, 계급, 신학의 차이를 넘어설 수 있게 되기를 바랍니다.

교회의 유일한 터는
우리 주 예수 그리스도라.

예수 그리스도께서

물과 말씀으로 창조하신 새로운 피조물,

그것이 교회라.

하늘에서 그분 오셔서,

자신의 거룩한 신부로 삼으시네.

자신의 피로 신부로 얻으셨고,

신부의 생명을 위해 죽으셨네.[4]

---

4   *Hymn* 525 (Episcopal Hymnal 1982), 'The Church's One Foundation', words
     by Samuel John Stone (1839-1900).

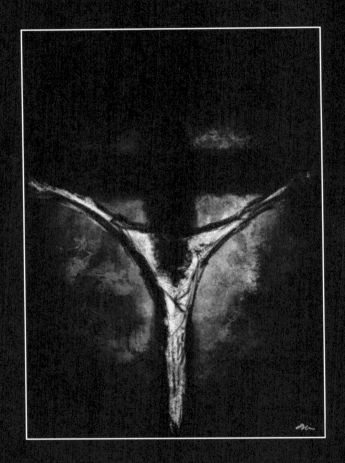

낮 열두 시가 되었을 때에, 어둠이 온 땅을 덮어서,

오후 세 시까지 계속되었다. 세 시에 예수께서 큰소리로

부르짖으셨다. "엘로이 엘로이 레마 사박다니?"

그것은 번역하면 "나의 하느님, 나의 하느님,

어찌하여 나를 버리셨습니까?" 하는 뜻이다.

거기에 서 있는 사람들 가운데서 몇이,

이 말을 듣고서 말하였다.

"보시오, 그가 엘리야를 부르고 있소."

어떤 사람이 달려가서, 해면을 신 포도주에 푹 적셔서

갈대에 꿰어, 그에게 마시게 하며 말하였다.

"어디 엘리야가 와서, 그를 내려 주나 두고 봅시다."

예수께서는 큰 소리를 지르시고서 숨지셨다.

그 때에 성전 휘장이 위에서 아래까지 두 폭으로 찢어졌다.

예수를 마주 보고 서 있는 백부장이,

예수께서 이와 같이 숨을 거두시는 것을 보고서 말하였다.

"참으로 이분은 하느님의 아들이셨다."

(마르 15:33~39, 마태 27:45~54)

IV

나의 하느님, 나의 하느님,
어찌하여 나를 버리셨습니까?

낮 열두 시가 되었을 때에, 어둠이 온 땅을 덮어서, 오후 세 시까지 계속되었다. 세 시에 예수께서 큰소리로 부르 짖으셨다. "엘로이 엘로이 레마 사박다니?" 그것은 번역하 면 "나의 하느님, 나의 하느님, 어찌하여 나를 버리셨습니 까?" 하는 뜻이다. 거기에 서 있는 사람들 가운데서 몇이, 이 말을 듣고서 말하였다. "보시오, 그가 엘리야를 부르고 있소." 어떤 사람이 달려가서, 해면을 신 포도주에 푹 적 셔서 갈대에 꿰어, 그에게 마시게 하며 말하였다. "어디 엘리야가 와서, 그를 내려 주나 두고 봅시다." 예수께서는 큰 소리를 지르시고서 숨지셨다. 그 때에 성전 휘장이 위

에서 아래까지 두 폭으로 찢어졌다. 예수를 마주 보고 서

있는 백부장이, 예수께서 이와 같이 숨을 거두시는 것을

보고서 말하였다. "참으로 이분은 하느님의 아들이셨다."

(마르 15:33~39, 마태 27:45~54)

나의 하느님, 나의 하느님, 어찌하여 나를 버리셨습니까?

십자가에서 예수께서 하셨다고 전해지는 말씀 중 우리가

단 하나의 말씀만 담아 둘 수 있다면 바로 이 절규입니다. 마

르코와 마태오라는 두 명의 복음서 저자가 예수께서 십자가

위에서 하셨다고 입을 모으는 유일한 말씀이기 때문입니다.

아주 오래 전부터 많은 그리스도인은 이 '버림받음의 절규'

를 묵상하곤 했습니다. 실로, 이 말씀은 우리에게 전율을 불

러일으킵니다. 우리의 가장 깊은 곳을 파헤친다는 점에서 이

말씀은 가장 깊은 위안을 주는 말씀이기도 합니다.

요한 제바스티안 바흐Johann Sebastian Bach가 쓴 《마태오 수

난곡》Matthäus-passion에는 매우 인상적인 특징이 있습니다(이는

바흐가 독창적으로 생각해낸 것임이 분명합니다). 이 곡에서 바흐는

예수께서 말씀하실 때 현악기 연주를 배경으로 넣음으로써

일종의 후광 효과를 일으키지요. 한 음악학자는 이를 두고

이 후광이 "그리스도의 말씀을 둘러쌈으로써 그 말씀의 영광을 드러낸다"고 말하기도 했습니다. 그런데 바흐는 이 후광 효과를 거두어야 할 단 한 순간이 언제인지를 정확히 알았습니다. 바로 예수께서 자신이 버림받았음을 절규하는 곳("엘로이 엘로이 레마 사박다니?")이었지요. 그는 십자가에 못 박힌 이, 버림받은 아들의 모습을 그리는 장면에서 성부 하느님의 영광을 지워 냈습니다. 이에 관해 교회사가 야로슬라프 펠리칸 Jaroslav Pelikan은 이야기했습니다.

마태오 수난곡을 들어보면 이야기 맨 처음 그리스도가 십자가 처형을 예언하는 순간, 그에 대한 배신을 예언하는 순간, 이후 모든 진술 장면에 '후광 효과'가 들어 있다. ... 하지만 이 순간에는 정적이 맴돈다. 그는 혼자이고 버림받았다.[1]

작가 니콜슨 베이커Nicholson Baker는 노리Nory라는 신기한 이름을 가진 미국인 소녀에 관한 책,『노리의 끝없는 이야기』 The Everlasting Story of Nory를 썼습니다. 여기서 노리는 부모님과 잉글랜드 일리에서 함께 살고 있습니다. 이 일리라는 마

---

1   Jaroslav Pelikan, *Bach Among the Theologians* (Philadelphia: Fortress Press, 1986)

을의 중심에는 십자가 모양으로 생긴 주교좌 성당이 우뚝 서 있었지요. 노리는 예수가 십자가에서 죽었기 때문에 주교좌 성당이 그런 식으로 생긴 것이라는 이야기를 듣습니다. 그리고 묻지요.

왜 사람들은 예수님이 죽어가신 그 끔찍한 방식에 집중하는 것일까?[2]

총명한 질문입니다. 오래된 성당과 교회를 가면 대체로 가장 인상적인 부분은 십자가, 혹은 십자가에 달린 예수상입니다. 십자가를 보며 우리는 아름다움과 영적인 분위기를 느끼지요. 하지만 노리는 그 십자가를 보고 제대로 생각했습니다. 앞서 저는 십자가형이 얼마나 끔찍하고 비열한 처형 방법인지, 이를 아무리 현실적으로 묘사한 영화를 본다 해도 상상할 수 없을 정도로 악독한 형벌인지를 이야기한 바 있습니다. 십자가형을 정말로 정확하게 재현한다면 우리는 그 모습을 그리 오래 보고 있을 수 없을 겁니다. 우리는 왜 그리스도께서 그토록 야만적인 방식으로 '음란하게' 죽음을 맞이

---

2 Nicholson Baker, *The Everlasting Story of Nory* (New York: Random House, 1998)

하실 수밖에 없었는지를 물어야 합니다. 죽는 '모습'만 주목한다면 더 '웅장하고, 아름다운' 방식은 많습니다. 소크라테스처럼 독약을 마시고 죽는다면 더 인상적이지 않았을까요? 앤 불린Anne Boleyn처럼 예리한 검에 죽음을 맞이했다면 더 극적이지 않았을까요? 하다 못해 교수형이었더라면 그렇게까지 오래도록 고통 받지는 않았겠지요.

그러나 복음서 저자들은 예수의 죽음을 그런 식으로 묘사하는 데 관심을 기울이지 않습니다. 분명 그들은 우리가 다른 부분에 주목하기를 바랐습니다. 예수가 버림받아 울부짖는 장면이 바로 그렇습니다. 이 말씀을 깊이 묵상할 때 "사람들은 예수님이 죽어가신 그 끔찍한 방식에 집중하는 것일까?"라는 물음에 대한 답을 찾을 수 있습니다. 갈라디아에 있는 성도들에게 보낸 편지에서 바울은 말했습니다.

율법의 행위에 근거하여 살려고 하는 사람은 누구나 다 저주 아래에 있습니다. 기록된 바 "율법책에 기록된 모든 것을 계속하여 행하지 않는 사람은 다 저주 아래에 있다" 하였습니다. 하느님 앞에서는, 율법으로는 아무도 의롭게 되지 못한다는 것이 명백합니다. "의인은 믿음으로 살 것이다" 하였기 때문입니다. 그러나 율법은 믿음에서 생긴 것이 아니니다. 오히려 "율법의 일을 행하는 사람은 그 일로 살 것이다"
하였습니다. 그리스도께서 우리를 위하여 저주를 받은 사
람이 되심으로써, 우리를 율법의 저주에서 속량해 주셨습니
다. 기록된 바 "나무에 달린 자는 모두 저주를 받은 자이다"
하였기 때문입니다. 그것은, 아브라함에게 내리신 복을 그
리스도 예수 안에서 이방 사람에게 미치게 하시고, 우리로
하여금 믿음으로 말미암아 약속하신 성령을 받게 하시려는
것입니다. (갈라 3:10~14)

"그리스도께서 우리를 위하여 저주를 받"으셨습니다. 바
로 이 말이 그분이 "죽어가신 그 끔찍한 방식"과 연결이
됩니다.

로마제국에 점령당한 팔레스타인 지역에서 십자가에 못
박힌 사람은 세속 권력과 종교 권력에 이중으로 저주를 받았
습니다. 먼저 십자가에 못 박힌 사람은 세속적인 의미에서
저주를 받았습니다. 그곳에 사는 백성이 그를 저주했지요.
십자가에 달린 사람은 저주를 받게 되어 있었습니다. 당시
문화가 그랬습니다. 십자가에 못 박힌 사람에게 비난과 모
욕을 퍼붓는 것은 십자가형이라는 의례, 혹은 오락의 일부였
습니다.

2003년 이라크 전쟁 동안 이라크 북부에서 다친 한 쿠르드족 남성을 찍은 사진이 공개된 적이 있습니다.[3] 그 모습은 충격적이었지요. 그는 들것에 실려 병원에 실려 왔습니다. 하지만 병원은 그를 받아들이기를 거부했고 옆에 서 있던 아랍인들은 누운 그를 향해 침을 뱉었습니다. 누구인지도 모르는 무력하고 상처 입은 사람을 향해, 그가 자신들이 잘못되었다고 생각하는 집단의 일원이라는 이유만으로 온갖 모욕을 가한 것이지요. 혹자는 그런 일은 야만적인 후진국에서나 일어날 일이라고 생각할지도 모르겠습니다. 침을 뱉고 저주할 대상이 아동 성범죄자이거나 연쇄살인범이거나, 아니면 자신의 어린아이들을 익사시킨 수잔 스미스Susan Smith만 아니라면 말이지요.[4] 하지만 오사마라는 이름을 가진 사람이 미국에 이민 와서 살게 된다면 어떻겠습니까? 한 뉴스는 요르단 출신의 중산층 무슬림 가족이 영주권을 취득하고 뉴욕 퀸즈에 살며 겪은 일을 전했습니다.[5] 그 가족의 첫째 아들은 해군으로 에이브러햄 링컨함에서 근무하고 있고, 12살인 둘

---

3 Photograph by Ruth Fremson, *The New York Times*, 14 April 2003.

4 수잔 스미스가 재판을 받을 때 사람들은 그녀에게 침을 뱉었습니다.

5 Daniel J. Wakin, 'Fear for Navy Son and Fellow Muslims', *The New York Times*, 12 April 2003.

째 아들은 공립학교를 다니고 있었지요. 뉴스에 따르면 둘째 아들은 학교에서 지속적인 괴롭힘을 당했습니다. 급우들은 틈날 때마다 둘째 아들에게 달려들어 그 앞에서 형이 죽어서 돌아왔으면 좋겠다고 이야기했지요. 예수께서는 죽음을 맞이하시면서 바로 이런 저주받는 사람들, 고통 받는 사람들의 대열에 합류하셨습니다.

십자가에 못 박힌 사람은 종교적인 의미에서도 저주를 받았습니다. 히브리 성서와 씨름했던 가장 위대한 지성 중 한 사람인 바울은 이 문제를 두고 오랫동안 고심했습니다. 특히 그는 "나무에 달린 사람은 하느님께 저주를 받은 사람"(신명 21:23)이라는 신명기 구절을 두고 고민했습니다. 이 구절은 토라에 충실했던 유대인 바울에게 어려운 문제를 제기했습니다. '어떻게 이스라엘의 메시아가 나무(십자가)에 못 박혀 하느님께 저주를 받을 수 있는가?' '다마스쿠스로 가는 길에 영광으로 나를 말에서 떨어뜨리고 눈을 멀게 한 부활한 그리스도가, 어떻게 만인 앞에서 하느님께 버림받았다고 공표된 이와 같을 수 있을까?' 이는 매우 심각한 모순처럼 보였습니다. 주님이라 고백했던 예수가 십자가에 못 박혀 죽었다는 사실과 토라의 저 분명한 구절이 어떻게 조화를 이룰 수 있을지 바울은 고심했습니다. 저 신명기 구절을 이제는 무의미한 과거의 유산으로 간주해야 할까요? 아니면, 오히려 예수가 "죽어간 그 끔찍한 방식"을 어떻게 바라보아야 하는지를 해석할 열쇠와 같은 구절로 보아야 할까요?

오랜 시간 동안(좀 더 정확히 말하면 약 1,800년간) 그리스도교인들은 '죄'를 믿었습니다. 우리가 세상을 살며 저지르는 악행으로서의 죄sin가 아닌, 하느님을 거스르려는 인간의 자율성autonomous, 노예화된 힘을 가리키는, 대문자 'S'를 쓴 '죄'Sin를 믿었지요. 바울이 "유대 사람이나 그리스 사람이나, 다같이 죄 아래에 있"(로마 3:9)다고 했을 때 그는 바로 이 '죄'Sin를 가리켰습니다. 하지만 오늘날 우리는 이러한 생각을 없애기 위해 애쓰고 있지요. 최근 개정된 성공회 기도서는 죄와 관련된 많은 표현을 삭제했습니다. 우리는 우리가 얼마나 "죄라는 사슬에 묶여 있고 얽매여 있는지"를 알려주는 오래된 이야기들을 듣고 싶어 하지 않습니다. 우리는 그렇게 노골적으로 우리가 '죄인'이라 말하는 이야기를 듣고 싶어하지 않습니다. 특히 극심한 충돌, 이를테면 전쟁이 일어났을 때 스스로를 '죄인'이라고 생각하기란 너무도 어렵지요. 갈등이 일어나면 우리는 우리만이 '옳다'고 생각합니다. 전쟁 중에 뉴스를 보는 미국인들은 구제할 수 없는 악과 싸우는 영웅적인 미군에게 세계의 운명이 달려 있다고 믿습니다. 성금요일, 예수의 일곱 말씀을 진지하게 묵상하는 이라면 현실이 그보다 훨씬 더 모호하다는 사실을 기꺼이 보려 하고, 또 볼 수 있다고 저는 믿습니다. 왜 전쟁이 사라지지 않을까요? 왜 부모는 자식에게, 또 자식들은 그 자식에게, 또 그 자식들은 자신의 자식에게 누구를 혐오하고 미워해야 할지를 끝없이 가르칠까요? 왜 개인과 집단은 자신은 선하고 자신과 충돌하는 이, 충돌하는 집단은 악하다고 생각할까요?

미국 초기에 교회는 이 지점을 강조했고, 사람들은 이를 민감하게 받아들였습니다. 심오한 신학 사상가이기도 했던 에이브러햄 링컨Abraham Lincoln은 전쟁을 치르면 자기편이 정의롭고 하느님의 편에 서 있다고 생각하는 경향이 있으며, 설령 잘못을 한다해도 이를 손쉽게 용서하는 경향이 있음을 잘 알고 있었습니다. 바로 그 때문에 그는 널리 알려진 대통령 재선 취임 연설에서 남군을 비난하지 않았으며 북군의 임박한 승리를 기뻐하지 않았습니다.[6]

사도 바울은 어떠한 집단에 속해 있든, 어떠한 종교를 믿든 모든 사람이 죄의 포로로 사로잡혀 있다고, "의인은 없다"고 가르쳤습니다.

---

6 이와 관련해서는 다음을 보십시오. Ronald White, *Lincoln's Greatest Speech* (New York: Simon & Schuster, 2002)

거기에는 아무 차별이 없습니다. 모든 사람이 죄를 범하였
습니다. (로마 3:22~33)

하느님께서 모든 사람을 순종하지 않는 상태에 가두신 것은
그들에게 자비를 베푸시려는 것입니다. (로마 11:32)

바울은 하느님과 사람들에게 버림받아 십자가 위에서 저주
받은 죽음을 맞이한 예수를 묵상하며, 예수께서 "죽어간 그
끔찍한 방식"이 곧 저주 그 자체였다는 결론에 이르렀습니
다. 그 무엇으로도 예수의 십자가 처형에 담긴 수치와 공포
를 온전히 설명할 수 없었습니다. 십자가형이 모든 죽음 중
가장 저주받은 죽음이라면, 그 죽음에는 분명 하느님의 의도
가 담겨 있으리라고 그는 생각했습니다.

　십자가 위에서 예수께서는 기꺼이, 자발적으로 죄의 권세
와 하느님의 저주 앞에 고개를 숙이셨습니다. 이 일이 아버
지께서 아들에게 하신 일이 아니라, 아들과 아버지가 함께
하신 일임을 이해하는 것이 중요합니다. 성체 성가Eucharistic
hymns 중 가장 중요한 한 곡의 표현을 빌리면, 예수께서는 "자

신의 손으로 자기 자신을 바치셨"습니다.[7]

하느님께서 하느님의 분노에 순종하셨습니다. 이것이 예수께서 십자가에 못 박힌 가장 중요한 이유입니다. 다른 어떤 처형 방식도 우리를 속박하는 거대한 암흑의 힘에 대가를 치를 수 없었습니다. 로마의 가혹한 심판을 받는 예수의 상황은 죄의 사슬 아래 있는 우리의 상황과 유사합니다. 그분은 저주 받으셨습니다. 그분은 누구의 도움도 받지 못한 채 모든 힘을 잃으셨습니다. 그분은 인간으로서 존엄성을 훼손당하셨습니다. 그분은 짐승 취급받았습니다. 그분은 살만한 가치가 없다고 여겨졌고, 노예에게나 어울릴 만한 죽음을 선고받았습니다. 그런데, 그 노예가 우리가 아니면 누구이겠습니까. 바울은 이야기합니다.

> 여러분은 죄의 종이 되어 죽음에 이르거나, 아니면 순종의 종이 되어 의에 이릅니다. ... 그러나 하느님께 감사하는 것은, 여러분이 전에는 죄의 종이었으나, 이제 ... 죄에서 해방을 받아서 의의 종이 된 것입니다. (로마 6:16~18)

---

7 이 성가는 토마스 아퀴나스Thomas Aquinas가 썼다고 알려져 있습니다.

바로 이 일이 십자가에서 일어났습니다. 하느님의 아들이 죄의 독재 아래 신음하던 우리의 자리로 오셨습니다. 그분은 몸소 율법에 의해 저주받으셨고 죽음의 세력 아래로 들어가셨습니다. 오직 그분만이, 완전한 의인이신 예수만이 저 세력들을 부수고 우리를 노예 상태에서 해방시켜 당신의 의를 섬기도록 할 수 있기 때문입니다. 예수 그리스도께서는 자신의 신성을 무신성Godlessness과 맞바꾸셨습니다. 그분의 인성은 인간에게 죽음을 안기는 율법의 저주를 흡수했습니다(로마 7:11). 이와 관련해 바울은 가장 주목할 만한 이야기를 남겼습니다.

> 하느님께서는 죄를 모르시는 분에게 우리 대신으로 죄를 씌우셨습니다. (2고린 5:21)

어려운 말입니다. 어떻게 하느님의 아들이 죄를 입으실 수 있습니까? 바울은 죄 없는 예수("죄를 모르시는 분")를 "하느님께서 … 죄를 씌우셨"다는 말과 대비시키고, 둘을 결합함으로써 이것이 얼마나 충격적인 이야기인지를 강조합니다.

예수께서는 죄를 알지 못하셨습니다. 그분은 죄를 입으셨습니다. 누구도 바울의 이 말이 지닌 깊이를 온전히 헤아릴 수 없습니다. 우리는 기껏해야 이를 힐끗 엿볼 수 있을 뿐이지만, 적어도 이렇게는 말할 수 있습니다. 2,000년 전 그날, 무슨 일이 일어났든 간에 그 일은 마치 지금 일어나고 있는 일처럼 우리 영혼의 상태와 긴밀한 연관이 있다고 말이지요. 우리는 이 구절을 읽고 나서, 그 다음으로 무언가를 하자마자 이미 의로우신 하느님의 완전함을 따라 사는 데 실패합니다. 어떤 식으로든 말이지요. 우리는 이미 마음 속으로 우리가 관심을 줄 만하다고 여기는 이들과 그렇지 않은 이들을 구별합니다. 죄가 우리를 움켜쥐고 있기에, 우리는 그런 우리에서 벗어나지 못합니다. 이 죄의 능력보다 큰 것은 오직 하느님의 권능 밖에 없습니다. 십자가에서 그리스도께서는 바로 이 죄의 사슬을 부수셨습니다. 설령 최악의 모습으로 살아가는 순간에도, 지금, 우리는 그분의 형상으로 다시 빚어지고 있습니다. 바로 오늘, 하느님께서 도움의 손길이 필요한 동료 인간, 혹은 집단에게 손을 뻗을 수 있도록 해 주시기를 바랍니다. 바로 이를 통해 우리는 십자가의 권능을 깨닫게 될 것입니다.

그는 하느님의 모습을 지니셨으나, 하느님과 동등함을 당연하게 생각하지 않으시고, 오히려 자기를 비워서 종의 모습을 취하시고, 사람과 같이 되셨습니다. 그는 사람의 모양으로 나타나셔서, 자기를 낮추시고, 죽기까지 순종하셨으니, 곧 십자가에 죽기까지 하셨습니다. (빌립 2:7~8)

예수 그리스도께서는 스스로 자신의 신성을 비우셨습니다. 그분께서는 스스로 우리 가장 최악의 곳, 가장 낮은 곳으로 오셔서 우리와 동맹을 맺으셨습니다. 그런 그분을 향해 우리는 하느님을 향한 적개심을 최대로 퍼부었습니다. 그런 일을 당했으니 그분이 십자가에서 울부짖으신 것은 너무도 마땅합니다.

나의 하느님, 나의 하느님, 어찌하여 나를 버리셨습니까?

예수께서 십자가에서 버림받은 것은 그분이 자신을 우리와 완전히 동일시한 직접적인 결과였습니다. 교회의 성가 중 가장 심오한 성가인 《아, 거룩하신 예수여》Ah, Holy Jesus는 노래합니다.

아, 거룩하신 예수여, 얼마나 참혹하십니까?
증오와 거짓 가운데 사람들이 당신을 심판합니다.

원수들이 당신을 조롱하고, 또 거부합니다.

오 가장 큰 고통 가운데 계신 이여,

누가 죄를 지었습니까?

누가 당신에게 죄를 덮어씌웠습니까?

아, 바로 나로다. 내가 반역자구나.

제가 당신을 망쳤습니다.

주 예수여, 저입니다. 제가 당신을 거부했습니다.

제가 당신을 십자가에 매달았습니다.

아, 양을 위해 선한 목자가 자신을 바쳤구나.

죄를 지은 건 노예인데, 아들이 고통을 받는구나.

전혀 관심이 없는 우리,

그런 우리의 속죄를 위해

하느님께서 탄원하시는구나.

나를 위해, 온유한 예수께서 인간이 되셨구나.

필멸의 비애를 감내하시고, 삶을 바치셨구나.

쓰라린 수난을 겪으시고

고통스러운 죽음을 감내하셨구나.

나의 구원을 위해.[8]

---

8 *Hymn* 158 (Episcopal Hymnal 1982), 'Ah, Holy Jesus, How Hast Thou Offended', words by Johann Heermann (1585-1647), translated by Robert

이 성가에서 하느님의 백성은 의로운 척하는 모든 가식을 버리고 그리스도의 십자가형에 대한 책임이 자신에게 있음을 고백합니다. 성가는 노래합니다.

죄를 지은 건 노예인데, 아들이 고통을 받는구나.

우리는 노예, 죄의 지배를 받는 노예입니다. 하느님의 아들은 그런 "우리의 속죄를 위해", 우리의 자리에서 고통을 감내하십니다.

이 성가를 기도하는 마음으로, 가사 하나 하나에 세심한 주의를 기울여 읽고, 또 노래하는 것은 성금요일이든 어느 날이든 하느님께 순종하는 법을 익히는 좋은 실천이 될 수 있습니다.

주 예수여, 저입니다. 제가 당신을 거부했습니다.
제가 당신을 십자가에 매달았습니다.

이 특별한 이야기를 묵상합시다. 이 이야기에 우리 자신을

Seymour Bridges (1844-1930).

내어줍시다. 창조주 하느님께서, 그분의 아들 안에서, 아들을 통해 우리의 자리에 몸소 오시고 자신을 희생제물로 삼으셨습니다. 그리스도께서 우리를 율법의 저주로부터 구원하셨습니다. 우리를 구원하시기 위해, 자신이 저주를 받으셨습니다.

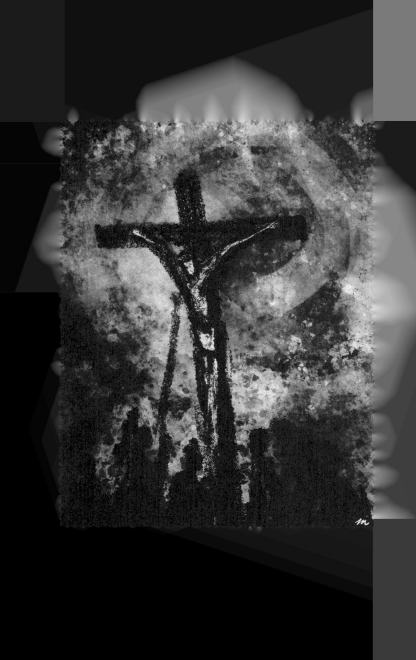

그 뒤에 예수께서는 모든 일이 이루어졌음을 아시고,

성경 말씀을 이루시려고 "목마르다" 하고 말씀하셨다.

거기에 신 포도주가 가득 담긴 그릇이 있었는데,

사람들이 해면을 그 신 포도주에 듬뿍 적셔서,

우슬초 대에다가 꿰어 예수의 입에 갖다 대었다.

(요한 19:28~29)

V

목마르다.

그 뒤에 예수께서는 모든 일이 이루어졌음을 아시고, 성
경 말씀을 이루시려고 "목마르다" 하고 말씀하셨다. 거기
에 신 포도주가 가득 담긴 그릇이 있었는데, 사람들이 해
면을 그 신 포도주에 듬뿍 적셔서, 우슬초 대에다가 꿰어
예수의 입에 갖다 대었다. (요한 19:28~29)

십자가에 못박힌 이들은 이루 말할 수 없을 정도의 갈증
을 겪었을 것입니다. 오늘날 이른바 '제1세계'에서 극심한 갈
증을 겪는 경우는 매우 드물기 때문에 이를 상상하기란 매우
어렵습니다. 요한 복음서는 주님께서 죽음을 맞이하시기 직

전 십자가에서 "목마르다", 혹은 "갈증이 난다"고 말씀하셨다고 기록합니다. 어렸을 때 저는 이와 관련해 무수히 많은 설교를 들었습니다. 많은 설교자는 이 외침이 인간 예수의 연약함과 고통을 보여 준다고 이야기했지요. 분명 예수는 십자가에서 연약한 인간이었고 고통스러워했습니다. 하지만 요한은 이를 통해 다른 이야기를 전하고자 했습니다. 마태오 복음서와 마르코 복음서는 인간 예수의 철저한 연약함, 그리고 극심한 고통을 보여주려 합니다. 버림받은 예수가 "나의 하느님, 나의 하느님, 어찌하여 나를 버리셨습니까?"라고 울부짖는 장면이 그 대표적인 예지요. 하지만 요한의 의도는 이들과 다릅니다. 요한은 예수께서 십자가 위에서 세 번 말씀하셨다고 기록하는데, 이 말씀들은 모두 예수께서 하느님의 목적을 성취하시고 승리하시며 죽음을 맞이하셨음을 보여줍니다. 그러므로 "목마르다"는 말씀 또한 요한의 이러한 의도에 따라 쓰였다고 봐야 합니다. 사람들이 "신 포도주"를 예수의 입에 갖다 대었다고 묘사할 때 요한이 정확히 무엇을 의도했는지를 파악하기란 어렵습니다. 예수의 고통을 덜어주려는 모습을 묘사한 것일 수도 있고, 오히려 그에게 더 고통을 안겨주려는 적대적인 행동을 묘사한 것일 수도 있습니다. 많은 학자가 이 구절을 꼼꼼히 분석했지만 확실한 결론은 나지 않았습니다. 복음서 저자들은 이 장면을 각기 다른 방식으로 묘사합니다.

어떤 사람이 달려가서, 해면을 신 포도주에 푹 적셔서 갈대에 꿰어, 그에게 마시게 하며 말하였다. "어디 엘리야가 와서, 그를 내려 주나 두고 봅시다." (마르 15:36)

그러자 그들 가운데서 한 사람이 곧 달려가서 해면을 가져다가, 신 포도주에 적셔서, 갈대에 꿰어, 그(예수)에게 마시게 하였다. (마태 27:48)

병정들도 예수를 조롱하였는데, 그들은 가까이 가서, 그에게 신 포도주를 들이대면서, 말하였다. "네가 유대인의 왕이라면, 너나 구원하여 보아라." (루가 23:36~37)

같은 장면을 두고 요한은 갈증과 포도주를 부각해 연결합니다. 오직 요한 복음서에서만 예수께서 "목마르다" 말씀하셨다고 기록하고 있고, 요한은 그 의미를 강조합니다.

그 뒤에 예수께서는 모든 일이 이루어졌음을 아시고, 성경

말씀을 이루시려고 "목마르다" 하고 말씀하셨다. (요한 19:28)

    지금까지 살펴본 것에 비추어 이 구절을 좀 더 자세히 살펴봅시다. 예수께서는 성서의 어떤 부분을 이루신 것입니까? 이 문제를 두고 많은 논의가 있었습니다. 많은 신학자는 시편 22편을 들었고 그래서 많은 교회가 성금요일 예배를 드릴 때 한 목소리로 이 구절을 봉독하곤 합니다. 진실로, 이 시편은 십자가 처형에 관한 시편이라고 할 수 있습니다. 복음서의 수난 서사는 이 시편의 많은 구절을 활용해 그리스도의 십자가 처형을 묘사했기 때문입니다. 이 시편은 "나의 하느님, 나의 하느님, 어찌하여 나를 버리십니까?"라는 외침으로 시작해 다음과 같은 노래로 이어집니다.

> 나는 사람도 아닌 벌레요,
> 사람들의 비방거리, 백성의 모욕거리일 뿐입니다.
> 나를 보는 사람은 누구나 나를 빗대어서 조롱하며,
> 입술을 비쭉거리고 머리를 흔들면서 얄밉게 빈정댑니다.
> "그가 주님께 그토록 의지하였다면,
> 주님이 그를 구하여 주시겠지.
> 그의 주님이 그토록 그를 사랑하신다니,

주님이 그를 건져 주시겠지" 합니다. (시편 22:6~8)

이 구절은 실제로 예수께서 십자가형을 받으셨을 때 일어났던 일을 묘사하는 것처럼 들립니다. 어떤 분들은 헨델이 작곡한 《메시아》Messiah 중 예수의 수난과 죽음 부분에서 이 구절을 들으셨을지도 모르겠습니다. 노래는 계속됩니다.

악한 일을 저지르는 무리가 나를 에워싸고
내 손과 발을 묶었습니다.
뼈마디 하나하나가 다 셀 수 있을 만큼
앙상하게 드러났으며
원수들도 나를 보고 즐거워합니다.
나의 겉옷을 그들이 나누어 가지고,
나의 속옷도 제비를 뽑아서 나누어 가집니다. (시편 22:16~18)

이 구절들은 복음서들의 수난 서사에서 주요한 역할을 합니다. 네 명의 복음서 저자 모두 겉옷을 나누어 갖는 모습과 제비뽑기를 언급하지요. 요한은 이러한 행동들이 어떻게 시편의 성취인지를 보여주기 위해 더 많은 노력을 기울입니다. 그는 십자가형이 처음부터 하느님께서 계획하신 일임을 보여주려고 합니다. 요한 복음서, 그리고 어느 정도는 루가 복음서에서 예수는 자신이 이러한 부분을 이루었음을 알고 있을 뿐만 아니라 십자가에서도 의식적으로 이를 실천합니다. 그래서 예수께서 "목마르다"고 말씀하셨을 때 요한은 그가 "모든 일이 이루어졌음을 아"셨다고 설명합니다. 시편 22편에는 이런 구절도 있습니다.

> 내 힘이 질그릇 조각같이 마르고
> 내 혀가 내 턱에 붙었다.
> 당신께서는 나를 죽음의 먼지 속에 두셨나니. (시편 22:15)

그러므로 요한 복음서에서 주님께서 "목마르다"고 말씀하셨을 때 그 말은 죽을 수밖에 없는 존재의 연약함을 드러내는 말이라기보다는 자신에게 주어진 사명을 달성하는 말, 주권과 통제를 드러내는 말로 보아야 적절합니다. 그때 예수께서는 하느님의 아들로서, 거룩한 삼위일체의 두 번째 위격으로서 말씀하셨습니다. 무력함의 밑바닥에서조차 자신의 신성한 운명을 분명히 알고 계셨던 것이지요. 요한 복음서 10장에서 예수께서는 말씀하십니다.

나는 양들을 위하여 내 목숨을 버린다. ... 아무도 내게서 내 목숨을 빼앗아 가지 못한다. 나는 스스로 원해서 내 목숨을 버린다. 나는 목숨을 버릴 권세도 있고, 다시 얻을 권세도 있다. (요한 10:15, 18)

십자가형은 사고도, 우연도, 불행한 실수도 아니었습니다. 십자가형은 선한 목자의 의지에 따른 자기희생이었습니다. "목마르다"는 말은 예수께서 처음부터 하느님의 계획을 따라, 그분의 목적을 달성하고 있음을 보여줍니다.

요한 복음서의 숭고한 목적에 대해 살펴보았으니 이제 잠시 갈증 자체에 대해 생각해봅시다. 요한 복음서 초반부를 보면 우물가에 있던 사마리아 여인 이야기가 등장합니다. 많은 분이 그녀에 대해 알고 있지요. 그녀는 해질녘 삼삼오오 모여 서로 교제하는 다른 여자들과 마주치지 않기 위해, 그들이 보내는 못마땅한 시선을 피하기 위해 한창 더운 한낮에 홀로 물을 길으러 오는, 평판이 그리 좋지 않은 사람입니다. 이 사마리아 여인은 주님과 우물에서 인상적인 대화를 나눕니다. 물을 마실 수 있는 그릇을 갖고 있지 않았던 예수께서는 여인이 우물 앞에 왔을 때 그에게 물을 좀 달라고 부탁하십니다. 그러자 여인이 말합니다.

"당신은 유대 사람인데, 어떻게 사마리아 여자인 나에게 물
을 달라고 하십니까?" 유대 사람은 사마리아 사람과 상종하
지 않기 때문이다. (요한 4:9)

여인에게는 또 다른 문제가 있습니다. 개인으로서도 평
판이 좋지 못하지만, 경멸받는 집단의 일원이기도 하다는 사
실이지요. 그러므로 주님과의 만남은 이중으로 중요합니다.
이제 무슨 일이 일어나는지를 봅시다. 지금까지 이야기에서
물은 모두 실제 물, 우리가 마시는 물을 가리킵니다. 그런데
예수께서는 대화의 수준을 높이십니다.

예수께서 그 여자에게 대답하셨다. "네가 하느님의 선물을
알고, 또 너에게 물을 달라는 사람이 누구인지를 알았더라
면, 도리어 네가 그에게 청하였을 것이고, 그는 너에게 생수
를 주었을 것이다." 여자가 말하였다. "선생님, 선생님에게
는 두레박도 없고, 이 우물은 깊은데, 선생님은 어디에서 생
수를 구하신다는 말입니까?" … 예수께서 말씀하셨다. "이
물을 마시는 사람은 다시 목마를 것이다. 그러나 내가 주는
물을 마시는 사람은, 영원히 목마르지 아니할 것이다. 내가
주는 물은, 그 사람 속에서, 영생에 이르게 하는 샘물이 될

것이다."(요한 4:10~11, 13~14)

구약성서는 시종일관 창조주 하느님을 물에게 명령하시는 분으로 찬미합니다. 그분은 물의 경계를 정하시고, 그분이 지시하는 곳으로 물을 흐르게 하십니다. 40일 동안 비를 내리게 하시고, 넘치는 물을 땅바닥과 시냇물로 되돌려 보내십니다. 홍해의 물을 오른편과 왼편으로 밀어 이스라엘의 자손들이 지나갈 수 있게 하십니다. 광야에 있는 불모의 바위에서 물이 솟아오르게 하셔서 백성이 마실 수 있게 하십니다. 3년 동안 비를 내리지 않게 하셨다가 예언자 엘리야의 말에 따라 다시 비가 내리게 하십니다. '폭풍의 시편'은 노래합니다.

주님의 목소리가 물 위로 울려 퍼진다.
영광의 하느님이 우렛소리로 말씀하신다.
주님께서 큰 물을 치신다.
주님께서 범람하는 홍수를 정복하신다.
주님께서 영원토록 왕으로 다스리신다. (시편 29:3, 10)

요한 복음서는 처음부터 "말씀"이 이 전능하신 창조주 하느님과 같은 분이라고 못 박습니다.

> 태초에 '말씀'이 계셨다. 그 '말씀'은 하느님과 함께 계셨다.
> 그 '말씀'은 하느님이셨다. ... 모든 것이 그로 말미암아 창
> 조되었으니, 그가 없이 창조된 것은 하나도 없다. ... 그 말
> 씀은 육신이 되어 우리 가운데 사셨다. (요한 1:1, 3, 14)

그러므로 "육신이 된 말씀", 예수 그리스도는 살아 있는 물을
다스리는 분, 영원한 생명에 이르게 하는 샘물에게 명령하는
분입니다. 사마리아 여인에게 한 약속을 따라, 7장에서 그분
은 성전에 가 일어서서 그곳에 있는 모든 사람에게 말씀하셨
습니다.

> 목마른 사람은 다 나에게로 와서 마셔라. 나를 믿는 사람은,
> 성경이 말한 바와 같이, 그의 배에서 생수가 강물처럼 흘러
> 나올 것이다. (요한 7:37~38)

이제 십자가에서 하신 "목마르다"라는 말씀을 다시 생각
해봅시다. 그리고 이 말씀을 "내가 주는 물을 마시는 사람은,
영원히 목마르지 아니할 것"이라는 말씀, "목마른 사람은 다

와서 마시라"는 말씀과 비교해봅시다. 우리가 쉬이 받아들이기에는 너무나 충격적인 말씀입니다. 성금요일 예배는 우리에게 엄숙함 가운데 이 말씀이 주는 무게를 음미할 기회가 됩니다. 잃어버린 양에 대한 사랑 때문에 십자가에 매달려 끔찍한 갈증으로 죽어가는 저 사람이 바로 호수와 연못을 고요하게 하시고 개울물과 시냇물을 살아 숨 쉬게 하시는 분, 숲에서 샘물이 솟아나게 하시고 나이아가라 폭포에 힘을 불어넣으시며 출렁이는 파도에 영광을 더하시는 분, 장엄한 바다를 다스리시고 대양의 깊음을 주관하시는 분, 영원한 생명의 물을 선물로 흐르게 하시는 분입니다.

> 내 입술아, 영광스러운 전투를 노래하라.
>
> 전능한 분의 싸움을 노래하라.
>
> 십자가에 매달려 자신을 바친
>
> 희생자의 승리를 선포하라.
>
> 온 세상의 구원자이신 예수 그리스도,
>
> 이제 십자가에서 왕으로 군림하시네.
>
> 30년 동안 우리 가운데 사셨고
>
> 이제 약속된 시간이 찼다네.
>
> 그분이 수난받으시네.

이를 위해 태어나신 분, 구세주,

그 길을 기꺼이 가시네.

십자가 위 어린 양 오르고,

그곳에서 귀한 피가 흐르네.

타는 목에 초를 받고 가시 쓰고 못 박혀

그 거룩한 몸에서 피와 물이 흐르니

홍수가 일어나 땅과 바다,

별과 하늘, 모든 죄 씻기네.[1]

---

1   *Hymn* 165 (Episcopal Hymnal 1982), 'Sing, My Tongue, the Glorious Battle', words by Venantius Honorius Fortunatus (540?-600?), version Hymnal 1982, after John Mason Neale (1818-1866).

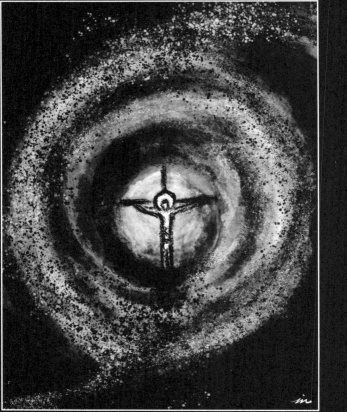

거기에 신 포도주가 가득 담긴 그릇이 있었는데, 사람들이

해면을 그 신 포도주에 듬뿍 적셔서, 우슬초 대에다가

꿰어 예수의 입에 갖다 대었다. 예수께서 신 포도주를

받으시고서, "다 이루었다" 하고 말씀하신 뒤에,

머리를 떨어뜨리시고 숨을 거두셨다.

(요한 19:29~30)

VI

다 이루었다.

거기에 신 포도주가 가득 담긴 그릇이 있었는데, 사람들이 해면을 그 신 포도주에 듬뿍 적셔서, 우슬초 대에다가 꿰어 예수의 입에 갖다 대었다. 예수께서 신 포도주를 받으시고서, "다 이루었다" 하고 말씀하신 뒤에, 머리를 떨어뜨리시고 숨을 거두셨다. (요한 19:29~30)

지금까지 저와 함께 예수의 마지막 말들을 묵상한 분들이라면 넷째 복음서의 저자인 요한이 예수께서 십자가 위에서 하신 말들에 공들여 흐름을 부여했음을 알아차렸을 것입니다.

먼저, 예수께서는 사랑하는 제자에게 어머니를 맡기심으로써 그가 아버지께로 돌아간 이후 세상에 당신의 성령을 전해 줄 새로운 공동체를 창조하십니다. 요한은 이 마지막 행동이 주님의 과업을 완성한다고 생각한 것 같습니다. 그다음 구절에서 "모든 일이 이루어졌음을 아시고, 성경 말씀을 이루시려고 "목마르다" 하고 말씀하셨다"고 썼기 때문입니다.

병사들이 신 포도주(혹은 식초)를 해면에 적셔서 갈대에다 꿰어 입에 갖다 대자 그분은 시편 말씀을 이루시고자 이를 받으셨습니다.

목이 말라 마실 것을 달라고 하면
나에게 식초를 내주었습니다. (시편 69편 21절)

그리고 요한은 이야기합니다.

예수께서 신 포도주를 받으시고서, "다 이루었다" 하고 말씀하신 뒤에, 머리를 떨어뜨리시고 숨을 거두셨다. (요한 19:30)

이제 "다 이루었다"의 의미에 대해 생각해 볼 차례입니다. 영역 성서는 이 부분을 "끝났다"It is finished고 하는데 모호

한 감이 있습니다. 하지만 그리스어는 그렇지 않지요. 그리스어로 이 구절은 단순히 "끝났다", 혹은 "종료되었다"를 뜻하지 않습니다. "다 이루었다", 혹은 "완성했다"를 뜻하지요. 라틴어 번역인 "콘수마툼 에스트"(다 이루었다)도 좋은 번역입니다. 완전히 패배한 것처럼 보이는 바로 그 순간에 예수께서는 자신이 정복자라고 선언하셨습니다. 이를 고전적인 표현으로는 "승리자 그리스도"Christus Victor라고 하지요. 그분은 세상에 오셔서 자신이 해야 할 일을 이루셨습니다. 말씀이 육신이 되었다는 의미가 이 땅에 온전히 드러났습니다. 요한복음서 4장에서 제자들은 예수에게 왜 밥을 먹지 않느냐고 묻습니다. 그러자 예수는 답합니다.

> 나의 양식은, 나를 보내신 분의 뜻을 행하고, 그분의 일을 이루는 것이다. (요한 4:34)

그리고 십자가에서 그분은 "다 이루었다"고 선언하십니다.

죽을 때 신 포도주를 마신 사람은 "나는 참 포도나무요"(요한 15:1)라고 말한 바로 그 사람입니다. 그는 모든 과실과 생명의 참 원천입니다.

나는 포도나무요, 너희는 가지이다. 사람이 내 안에 머물러 있고, 내가 그 안에 머물러 있으면, 그는 많은 열매를 맺는다. 너희는 나를 떠나서는 아무것도 할 수 없다. … 너희가 나를 택한 것이 아니라, 내가 너희를 택하여 세운 것이다. 그것은 너희가 가서 열매를 맺어, 그 열매가 언제나 남아 있게 하려는 것이다. 그리하여 너희가 내 이름으로 아버지께 구하는 것은 무엇이든지 다 받게 하려는 것이다. (요한 15:5, 16)

"나는 생명의 빵이다. 내게로 오는 사람은 결코 주리지 않을 것이요, 나를 믿는 사람은 다시는 목마르지 않을 것"(요한 6:35)이라고 말한 이가 십자가에서 굶고 있습니다. "내가 주는 물을 마시는 사람은, 영원히 목마르지 아니할 것"(요한 4:14)이라고 말한 이가 십자가 위에서 목말라 죽어가고 있습니다. "나는 부활이요 생명이니, 나를 믿는 사람은 죽어도 살고, 살아서 나를 믿는 사람은 영원히 죽지 아니할 것"(요한 11:25~26)이라고 말한 이가 죽음이라는 성채에 들어가고 있습니다.

이 모든 것이, 아니 이 모든 것과 그 이상이 그리스도의 십자가에서 이루어집니다. 하지만 가장 중요한 차원에서 무엇이 이루어졌는지를 보기 위해서는 요한 복음서 맨 처음으로 돌아가야 합니다. 주님께서 희생하신 이유, 그 목적이 바로 거기서 제시되기 때문입니다. 여기에서 하느님께서 정해 두신 증인은 두 번이나 거듭 이를 이야기하며 우리의 관심을 끕니다. 하느님께서 보내신 사람, 빛을 증언하기 위해 온 사람, 즉 예수의 삶과 죽음의 목적을 밝히는 증인인 그는 자신을 향해 다가오는 예수를 보면서 말합니다.

보아라. (요한 1:30)

그리고 다시 말합니다.

보아라, 세상의 죄를 없애시는
하느님의 어린 양이다. (요한 1:36)

세상의 죄를 없애시는 예수의 활동의 전모를 헤아리기 위해서는 요한 복음서 이외 신약의 다른 부분들을 좀 더 자세히 살펴보아야 할지도 모릅니다. 하지만 그들은 모두 한 목소리로 말합니다. 그리스도께서는 자신의 활동을 마치셨고, 완성하셨으며, 이루셨다고 말이지요. 그리스도교가 전하는 메시지 중 이보다 믿기 어려운 메시지는 없을 것입니다. 우리는 그리스도의 활동이 결코 끝나지 않았다고, 끝날 수 없다고 생각합니다. 우리는 더 많은 일을 해야 하고, 그분의 활동에 무언가를 덧붙여야 한다고, 그래서 우리도 무언가 값진 삶을 살아야 한다고 생각합니다. 영화 《라이언 일병 구하기》 Saving Private Ryan의 결말 부분은 그 대표적인 예지요. 톰 행크스가 연기한 밀러 대위는 라이언 일병을 구하고 숨을 거두며 그에게 말합니다. "값진 삶을 살아." 그 뒤 영화는 수십 년이 흘러 나이든 라이언 일병이 자신을 구하다 숨진 이들의 묘지를 찾는 모습을 보여줍니다. 그 중 밀러 대위의 묘 앞에서 나이든 라이언은 자신이 그를 포함한 다른 이들의 희생에 부합하는 값진 삶을 살지 못했다는 생각에 괴로워하지요. 얼마 전 뉴욕타임스에서 인터뷰한 한 성공회 주교도 비슷한 모습을 보여주었습니다. 베트남 참전용사이자 현재는 군종교구의 주교인 그는 자신이 죽인 사람들에 대한 기억에 사로잡혀 있었지요. 인터뷰 말미에서 그는 자신이 용서받기를 바라지만, 이를 확신하지는 못하겠다고 말했습니다. 의도한 건 아니었지만, 주교는 우리 모두에게 자리 잡고 있는 생각을 드러낸 것입니다. '어떤 면에서 그리스도의 활동은 다 이루어지지 않았다. 그의 죽음에 부합하는 값진 삶을 살기 위해서

는 무언가를 더 해야 한다.'

2003년 부시 주니어가 주도한 이라크 전쟁 당시 뉴욕타임스 1면에는 이라크 전쟁에 참전한 시카고 출신의 한 군인에 관한 가슴을 울리는 기사가 하나 실렸습니다. 포문에 "부시와 친구들Bush and Co."이라고 새긴 에이브람스 전차의 포수였던 그는 실수로 민간인 두 명을 죽였습니다. 시신을 매장할 준비를 하던 가족들은 그를 향해 "이것이 당신들이 말하는 자유요?"라며 소리쳤지요. 기사에 따르면 젊은 포병의 얼굴에는 "숨김 없는 슬픔"이 가득했고, 그는 통역사를 통해 이렇게 말했습니다. "제가 포의 방아쇠를 당겼고, 이로 인해 사람이 죽었습니다. 이 사실로 인해 저는 불행합니다. 하지만 미국이 이런 일이 일어나기를 바란 것은 아닙니다. 저는 이라크인들이 더 나은 삶을 살기를 바랍니다."1

이라크 전쟁 중에 일어난 또 다른 일에 대한 이야기가 더 생각납니다. 한 육군 군목의 이야기였지요. 그는 군인들은 자기들끼리는 전쟁에서 어떤 공헌을 했는지 자랑하지만, 혼자 있을 때는 전쟁의 참상에 대해 토로하러 자신에게 온다고 말했습니다. "그들은 자신들이 생명을 빼앗는 것에 대해

---

1 John F. Burns, 'G.I. Who Pulled the Trigger Shares Anguish of Two Deaths', *The New York Times*, 12 April 2003.

괴로워하고 있습니다. 그래서 저와 이야기하고 싶어하지요. 자신들이 끔찍한 인간이 아니라는 걸 확인받고 싶어서요."[2]

적지 않은 사람들이 의도치 않은 살인을 저지른 포병을 만난다면, 선의를 담아 그에게 위로를 건넬 것입니다. 이런 식으로 말이지요. "너무 괴로워하지 마세요. 일부러 그런 게 아니잖아요. 당신은 그들이 자살 폭탄 테러범일 줄 알고 두려워했던 거예요." 틀린 데 없는 말이지만, 이런 말은 저 젊은이의 기분을 조금도 풀어주지 못할 것입니다. 의식으로든 무의식으로든 그는 의도하지 않은 행동에도 결과가 따른다는 것을 알고 있기 때문입니다.

우리는 레위기에서 이를 배울 수 있습니다. 이 책의 4장과 5장은 의도하지 않은 죄를 용서받기 위해 무엇을 해야 하는지에 대한 지침으로 가득 차 있습니다.

주님께서 모세에게 말씀하셨다. "누구든지 주에게 거룩한 제물을 바치는데, 어느 하나라도 성실하지 못하여, 실수로 죄를 저지르면, 그는, 주에게 바칠 속건제물로, 가축 떼에서 흠 없는 숫양 한 마리를 가져 와야 한다. ... 성소의 세겔 표

---

2 Steven Lee Myers, 'Haunting Thoughts After a Fierce Battle', *The New York Times*, 27 March 2003.

준을 따르면, 속건제물의 값이 은 몇 세겔이 되는지는, 네가 정하여 주어라. … 제사장이 속건제물인 숫양에 해당하는 벌금을 받고서, 그의 죄를 속하여 주면, 그는 용서를 받는다." (레위 5:14~18)

히브리인들에게 보낸 편지를 보면 분명히 알 수 있듯 이 절차의 문제점은 의도하지 않은 죄가 있을 때마다 이를 행해야 한다는 것입니다. 히브리인들에게 보낸 편지의 저자는 죄인은 결코 불안에서 자유로울 수 없음을 지적합니다. 게다가 이걸로 정말 충분하느냐는 불확실성도 있습니다. 소나 양, 염소의 피가 정말 죄를 없앨 수 있을까요? 히브리인들에게 보낸 편지의 저자는 말합니다.

해마다 반복해서 드리는 똑같은 희생제사로는 하느님께로 나오는 사람들을 완전하게 할 수 없습니다. 만일 완전하게 할 수 있었더라면, 제사를 드리는 사람들이 한 번 깨끗하여진 뒤에는, 더 이상 죄의식을 가지지 않을 것이고, 따라서 제사 드리는 일을 중단하지 않았겠습니까? 그러나 제사에는 해마다 죄를 회상시키는 효력은 있습니다. 황소와 염소의 피가 죄를 없애 줄 수는 없습니다. (히브 10:1~4)

구약성서의 희생제사는 불완전한 방법이었습니다. 그 희생제사는 "장차 올 좋은 것들의 그림자일 뿐이요, 실체가 아니"(히브 10:1)었습니다. 이 의례는 자신의 백성이 죄를 완벽하고도 완전히 씻어주는, 그러나 아직 오지 않은 희생제물을 이해할 수 있도록 하느님께서 마련하신 것입니다.

보아라, 세상의 죄를 없애시는 하느님의 어린 양이다.

우리는 용서, 화해, 부활, 영원한 생명이라는 하느님의 선물을 받을 자격이 없습니다. 우리는 어떻게 해서도 이 신성한 선물들을 쟁취할 수 없습니다. 이는 우리의 능력을 넘어서는 것입니다. 하지만 하느님께서는 이를 이미 우리에게 주셨습니다. 그리스도께서 기꺼이 자신을 희생하심으로써 이를 이루셨기 때문입니다. 히브리인들에게 보낸 편지(7:27, 9:12, 9:26, 10:10)에서 반복해서 이야기했듯 그분은 단 한 번에 이 일을 이루셨습니다. 예수 그리스도는 완벽한 속죄 제물입니다.

이것이 의도치 않은 살인을 저지른 포병과 과거에 저지른 범죄에 대한 죄의식에 괴로워하고 있는 주교, 그리고 우리 모두를 위한 복음입니다. 하느님의 아들이 십자가에 못 박혀 죽으심으로써 이 세상을 죄의 끔찍한 저주에서 풀어내셨습니다. 한 성가는 노래합니다.

주님, 저는 당신을 사랑합니다.

하늘을 바라기 때문이 아닙니다.

사랑을 하지 않는 제가 영원히 죽을지도

모른다는 두려움 때문도 아닙니다.

하지만 그런 저로 인해 당신께서는

세상에서 십자가를 끌어안으셨습니다.

그런 우리를 위해 못과 창,

수많은 치욕을 감내하셨습니다.

깊은 슬픔, 헤아릴 수 없는 고통, 고뇌,

땀, 그리고 죽음 그 자체까지.

당신은 당신의 적이었던 우리를 위해

이 모든 것을 감내하셨습니다.

가장 드높은 사랑이신 예수 그리스도여,

당신을 사랑합니다.

천국에 가기 위해서, 지옥을 두려워해서,

부를 얻고 보상을 받기 위해서가 아니라

당신께서 저를 사랑하셨기에, 영원히 사랑하셨기에

우리는 당신을 사랑합니다.

그리고 사랑할 것입니다.

당신을 찬미할 것입니다.

오직 당신만이 우리의 하느님,

영원한 왕이시기 때문입니다.[3]

성가는 십자가에서 이루어진 "수많은 치욕"을 이야기합니다. 이 "수많은 치욕"이 우리를 온전히, 한 번에 구원했습니다. 십자가 사건의 추악함은 이 세상에 물든 죄의 추악함에 상응합니다. 그렇게 그분은 "속박에서 자유로, 죄에서 의로, 죽음에서 생명으로" 시련을 통과하셨습니다. 끝났습니다. 다 이루어졌습니다. 이 한 번의 사건, 그걸로 충분합니다.

---

3 *Hymn* 682 (Episcopal Hymnal 1982), 'I Love Thee, Lord, But Not Because I Hope for Heaven Thereby', Spanish lyrics, 17th century, translated by Edward Caswall (1814-1878), adapted by Percy Dearmer (1867-1936), alt. Copyright © 1925 Oxford University Press. Used by permission. All rights reserved.

어느덧 낮 열두 시쯤 되었는데, 어둠이 온 땅을 덮어서,
오후 세 시까지 계속되었다. 해는 빛을 잃고, 성전의 휘장은
한가운데가 찢어졌다. 예수께서 큰 소리로 부르짖어 말씀
하셨다. "아버지, 내 영혼을 아버지 손에 맡깁니다."
이 말씀을 하시고, 그는 숨을 거두셨다.

(루가 23:44~46)

VII

아버지, 내 영혼을 아버지 손에 맡깁니다.

어느덧 낮 열두 시쯤 되었는데, 어둠이 온 땅을 덮어서,
오후 세 시까지 계속되었다. 해는 빛을 잃고, 성전의 휘장
은 한가운데가 찢어졌다. 예수께서 큰 소리로 부르짖어
말씀하셨다. "아버지, 내 영혼을 아버지 손에 맡깁니다."
이 말씀을 하시고, 그는 숨을 거두셨다. (루가 23:44~46)

네 명의 복음서 저자는 모두 십자가에 못 박힌 메시아가
시편을 인용했다고 전합니다. 시편은 언제나 유대교인과 그
리스도교인이 드리는 기도의 기초였습니다. 지금도 세계 곳
곳에서는 매 순간 누군가 시편을 암송하고 있습니다. 여러분

이 시편으로 기도할 때 구약의 족장들, 예언자들, 신약의 사도들, 천사들, 대천사들, 하늘의 모든 무리가 여러분과 함께 기도합니다. 그리고 무엇보다 예수께서 여러분과 함께 기도하십니다. 루가 복음서는 예수께서 십자가에서 마지막으로 "아버지, 내 영혼을 아버지 손에 맡깁니다" 말씀하셨다고 기록합니다. 이 말씀은 시편 31편 5절("당신의 손에 나의 생명을 맡깁니다")을 인용한 것으로, 루가는 영혼을 아버지께 드리는 것으로 표현을 조금 바꾸었습니다. 이어서 루가는 말합니다.

이 말씀을 하시고, 그는 숨을 거두셨다.

그리스도교 전통에서 가상칠언은 요한 복음서에 나와있는 대로 주님께서 "다 이루었다"고 선언하신 다음, 루가 복음서에 기록되어 있듯 마지막으로 아버지께 자신을 맡기신 것으로 배치되어 있습니다. 우리는 이 루가 복음서의 말씀을 지나치게 감상적으로 대해서는 안 됩니다. 물론 루가가 마르코 복음서에서 가져온 많은 부분을 좀 더 부드럽게 표현한 것은 사실입니다. 그리고 많은 그리스도교인이 루가 복음서를 무척이나 좋아하는 것은 다른 복음서에는 기록되지 않은 흥미로운 이야기(성탄 이야기를 비롯해 잃어버린 양, 탕자, 선한 사마리아인, 마리아와 마르다, 불의한 재판관과 과부 이야기, 엠마오 이야기 등)가 많기 때문이기도 하지요. 하지만 루가 복음서에도 종말론에 바탕을 둔 엄중한 내용이 있습니다.

루가는 예수께서 광야에서 악마의 유혹을 뿌리치고 승리하시자 악마가 "어느 때가 되기까지 예수에게서 떠나 있었다"(루가 4:13)고 이야기합니다. 그 "어느 때"는 최후의 만찬 직후, 제자들이 자기 스승을 따라 올리브 산으로 갔을 때로 보입니다. 그곳 겟세마네 동산에서 예수께서는 체포되기 전 고뇌하시며 간절히 기도하십니다. 그리고 무리에게 붙잡히실 때 자신을 잡으러 온 사람들에게 "지금은 너희 때요, 어둠의 권세가 판을 치는 때"(루가 22:53)라고 말씀하시지요. 다시 말하면, 악마의 때인 것입니다. 이러한 맥락에서 무릎을 꿇고 기도하신 다음 일어나셨을 때, 주님께서는 처음부터 당신이 치르기로 정해져 있던 싸움에 뛰어들 준비, 가장 오래된 적과 얼굴과 얼굴을 맞대고 전쟁을 치를 준비를 마치신 것이라 할 수 있습니다.

요한은 예수께서 수난을 받으러 가시면서 하신 말씀을 기록해 이를 좀 더 분명하게 표현합니다.

지금은 이 세상이 심판을 받을 때이다. 이제는 이 세상의 통

치자가 쫓겨날 것이다. (요한 12:31)

이 싸움은 세상을 구원하기 위한 싸움입니다. 십자가에서 숨을 거두시는 주님의 모습을 상상할 때 우리는 황금빛 황혼을 받으며 편안하게 몸이 스러지는 아름다운 죽음을 상상해서는 안 됩니다. 자신을 괴롭히는 이들을 용서하기 위해서는 엄청난 대가를 치러야 합니다.

아버지, 저들을 용서하십시오. 저들은 자신들이 하는 일이 싸움이라는 것을 알지 못합니다.

1999년 4월 20일, 고등학생 두 명이 학생 12명과 교사 1명을 총으로 살해하고 21명에게 부상을 입힌 콜럼바인 고교 총기 난사 사건을 기억하시지요. 사건 이후 신문에는 한 여성이 쓴 편지가 실렸습니다. 편지에서 그녀는 희생자들에 대한 애도 분위기가 끝나기도 전에 그리스도교 지도자들이 학생들에게 살인범들을 용서해달라고 청한 것에 반대했지요. 그녀는 "용서는 어려운 일입니다!"라며 항의했습니다. 아마도 그녀는 개인적인 경험을 통해 용서가 얼마나 힘든 일인지를 알고 있었을 것입니다.

루가도 십자가에서 예수께서 싸움을 치르고 계신다고 상상했습니다. 두 강도 이야기는 두 가지 예수의 모습, 곧 자신을 모욕하는 이들의 악의를 품어 안으려 치열한 투쟁을 벌이는 예수의 모습과 구원을 구하는 이들에게 시선을 향하는 예수의 모습을 동시에 드러냅니다. 예수께서는 살아계시는 동안 그러하셨듯 죽음과 마주한 순간에도 전적으로 다른 이들의 궁극적인 안녕을 지향하셨습니다. 그분의 모든 활동은 자신이 아닌 외부를 향했습니다. 여러분과 제가 관심하는 것들, 곧 하루를 어떻게 살고 있는지, 다른 이들에게 칭찬을 받았는지, 누군가 나를 높이 평가하는지, 저 사람이 나보다 앞서고 있지는 않은지, 내가 뒤처지지는 않았는지, 사람들이 나를 무시하는 건 아닌지 같은 것들에 그분은 관심을 기울이지 않으셨습니다. 그분은 자기 자신에 대해 전혀 염려하거나 근심하지 않으셨기 때문에 자유롭게 다른 이들을 위해 사실 수 있었습니다. 우리가 상상할 수 없을 정도로 말이지요. 그렇기에 십자가의 고통 가운데서도 그의 곁에 달린 강도들에게 관심을 기울이는 건 예수의 성품에 너무나 자연스러운 일이었습니다. 그의 본성에서 나온 행동으로 볼 수 있는 것이지요. 그런 분이 무릎을 꿇고 땀이 핏방울이 되기까지 기도한 이유는 십자가에서 어둠의 세력과 맞선 전투를 앞두고 계셨기 때문입니다.

일찍이 그분은 제자들에게 말씀하셨습니다.

> 마치 번개가 하늘 이 끝에서 번쩍하여 하늘 저 끝까지 비치
> 는 것처럼, 인자도 자기의 날에 그러할 것이다. 그러나 그는
> 먼저 많은 고난을 겪어야 하고, 이 세대에게 버림을 받아야
> 한다. (루가 17:24~25)

그분의 승리는 가장 커다란 대가를 치르고서 이루어졌
습니다.

또 예수께서는 제자들에게 말씀하셨습니다.

> 사탄이 하늘에서 번갯불처럼 떨어지는 것을 내가 보았다.
>
> (루가 10:18)

예수께서는 당신의 승리를 내다보셨지만, 그 승리는 오직 수
난을 통해서만 이루어질 것입니다. 사람들이 그분이 하신 놀
라운 일들(치유, 축귀, 기적)을 두고 "놀라서 감탄하고 있을 때"
그분은 말씀하셨습니다.

너희는 이 말을 귀담아 들어라. 인자는 사람들의 손으로 넘어갈 것이다. (루가 9:44)

제자들을 포함해 이 말씀을 들은 이들은 이 뜻을 이해할 수 없었습니다. 메시아가 배신당하고 유죄 판결을 받고 십자가에 못 박힌다는 생각은 그들의 상상을 넘어선 것이었기 때문입니다. 성금요일을 보내며 우리는 이 모든 것이 우리 한 사람 한 사람에게 무엇을 의미하는지를 묵상해보고 있습니다. "아버지, 내 영혼을 아버지 손에 맡깁니다"라는 마지막 말씀을 더 깊게 헤아려보며, 우리는 루가 역시 그리스도께서 자신의 생명을 바치는 행위가 단순히 우리가 천국이라는 보상을 좀 더 쉽게 얻게 하려는 것이 아님을 보여 주려 했음을 알아차리게 됩니다.

이 묵상집에서 저는 요한 복음서에 나오는 십자가 위 예수의 말씀, 루가 복음서에 나오는 말씀들을 다른 복음서들과 분리해 다루었습니다. 그리고 이를 통해 각 복음서 저자가 무엇을 드러내려 했는지를 좀 더 깊게 살펴보려 했지요. 하지만 잊지 말아야 할 사실은 그리스도교 전통에서는 이 일곱 말씀을 언제나 하나의 전체로 보았다는 것입니다.

신학교에 다니던 시절 저는 훌륭한 교수님을 많이 만났습니다. 그중에서도 제 기억에 남는 신학자가 한 분 계시지요. 그분이 세상을 떠나신지도 어느덧 많은 세월이 흘렀지만, 그분이 제게 주신 가르침은 여전히 기억에 남아 있습니다. 특히 그분이 삶과 죽음, 그리고 현실에서 마주하게 되는 일들을 받아들이는 것, 그리고 믿고 이해하기 위해 투쟁하는 것에 대해 말씀하신 게 기억이 납니다. 선생님과 사모님이 40대였을 때, 두 분은 처음이자 마지막으로 아이를 갖게 되셨습니다. 그리고 그 아이는 희귀한 질병으로 겨우 23세 때 세상을 떠났지요. 아이의 장례식에서 선생님은 크게 슬퍼하면서도 이렇게 말씀하셨습니다.

> 그리스도인의 삶은 결국 '나의 하느님, 나의 하느님, 어찌하여 나를 버리셨습니까?'와 '아버지, 내 영혼을 아버지 손에 맡깁니다' 사이를 살아가는 것입니다.

같은 맥락에서 루가는 십자가 위 예수께서 하신 마지막 말씀을 통해 우리에게 어떻게 죽어야 할지, 또 어떻게 살아야 할지를 가르쳐 주고 있습니다. 우리는 믿음으로 그리스도의 죽음을 통해 그리스도와 하나가 되기 때문에 죽음을 넘어선 그의 생명과도 하나가 됩니다. 그분의 수난을 통해 우리는 우리가 구원 받았음을 깨닫습니다. 그분의 버림받음을 통해 우리는 하느님께서 우리를 받아들이셨음을 깨닫습니다. 그분의 속박됨을 통해 우리는 우리가 해방되었음을 깨닫습니다. 그리고 마침내 우리는 의심과 당혹 가운데서도 우리의 주님이시자 구원자이신 예수 그리스도께서 하셨던 말씀을 감히 말할 수 있게 되었습니다. "아버지, 제 영혼을 아버지 손에 맡깁니다."

누군가는 "아버지"라는 말에 불편함을 느낄 수도 있을 것 같습니다. 누구나 예수께서 알고 있는 아버지다운 사랑과 보살핌을 보여 준 '아버지'를 둔 것은 아니니 말이지요. 그래서 어떤 분들은 이 말을 '어머니'로 바꾸고 싶어할지도 모르겠습니다. 그러나 수많은 성서 본문을 통해 알 수 있듯 사랑하고, 보호하고, 양육하는 아버지 개념은 우리의 어머니상을 포함합니다. 예수께서 하느님을 "아버지"라 부르셨기 때문에 우리 또한 그분을 "아버지"라 부릅니다. 저는 그것으로 충분하다고 고백합니다. 하느님께서는 부모로서 우리의 안녕을 위해 사랑을 쏟아부으십니다. 우리는 그런 하느님의 자녀입니다.

우리는 요셉에 대해 거의 아무것도 모르지만, 소년 예수에게 강인하면서도 다정한 아버지가 어떠한지를 보여 주었던 것 같습니다. 어린 시절 아버지와 어머니와의 관계를 통해 아이 예수는 하늘에 계신 아버지(이 아버지를 너무나도 잘 알기에 그는 열두 살답지 않게 "내가 내 아버지의 집에 있어야 할 줄을 알지 못하셨습니까?"(루가 2:49)라고 말할 수 있었을 겁니다)를 신뢰할 수 있었습니다. 마지막 순간까지, 우리가 상상할 수 없을 정도로 참혹하고 끔찍한 최후를 맞이하기까지 말이지요.

아버지, 내 영혼을 아버지 손에 맡깁니다.

그는 완전한 삶을 사셨고 끔찍한 죽음을 죽으셨습니다. 우리가 "아버지"로 고백하신 분, 바로 그분 곁에 당신과 저를 영원히 머물게 하기 위해서 말이지요.

19세기 후반 위대한 설교자 중 한 사람이었던 알렉산더 맥라렌Alexander Maclaren은 성금요일 설교 중에 이런 말을 한 적이 있습니다.

이 날 일어난 일을 충분히 전하기에 제가 가진 언어는 빈곤하기 그지없습니다. 하지만 제 말이 아무리 빈곤하다 할지라도, 여러분이 귀 기울여 주셨다면 여러분은 결코 이전과 같지 않을 것입니다.

저 또한 마찬가지입니다. 당신은 어떤 이유로든 지금까지의 이야기를 읽으며 십자가에 달리신 주님과 함께 머물러 있었을 겁니다. 그리고 그런 당신에게 예수의 아버지께서는 어떤 식으로든 손을 내미십니다. 이 책을 읽는 동안에도, 당신은 우리의 구원자께서 하신 기도에 당신 자신을 맡기고, 그분을 통해, 우리 모두의 아버지께 헌신할 수 있습니다.

자비로 당신의 피를 쏟으시네.

영광스러운 몸이 부서지네.

그 부서진 몸이 나를 향하네. 오, 영광스러운 주님,

십자가는 당신의 무한한 사랑의 징표,

당신께서는 저를 위해 당신 자신을 바치셨습니다.

이제 저는 당신께 저를 바칩니다.

당신께서 죽으심으로 제가 살 수 있습니다.

복된 주님, 당신께서 저를 구원하러 오셨습니다.

사랑의 하느님께서는 당신이 줄 수 있는 모든 것,

당신의 아들 예수를 슬픔을 머금고 저에게 주셨습니다.

당신께서는 저를 위해 당신 자신을 바치셨습니다.

이제 저는 당신께 저를 바칩니다.

이마를 두른 가시로 인해,

창에 찔리고 못질 당해 입은 상처로 인해,

그 고통과 죽음으로 인해,

저는 말할 수 있습니다.

오 그리스도여, 당신의 사랑은 한결같습니다.

당신께서는 저를 위해 당신 자신을 바치셨습니다.

이제 저는 당신을 위해 저를 바칩니다.

제가 가져온 선물을 받아 주시겠습니까?

저의 모든 참회를 당신께 바칩니다.

존귀한 왕이시여,

그 무엇과도 비교할 수 없는 당신의 사랑으로

저를 용서해주소서.

당신께서는 저를 위해 당신 자신을 바치셨습니다.

이제 저는 당신께 저를 바칩니다.[1]

이 성가에서는 같은 고백이 네 번 반복됩니다.

---

1 *Hymn* 313 (Episcopal Hymnal 1982), 'Let Thy Blood in Mercy Poured', words by John Brownlie (1859-1925).

당신께서는 저를 위해 당신 자신을 바치셨습니다.

이제 저는 당신께 저를 바칩니다.

바로 이 시간 당신은 이 말들을 당신의 고백으로 만들 수 있습니다. 십자가에 못 박히신 주님이 팔을 뻗어 당신에게 손을 내밀고 계십니다. 당신을 놓지 않을 사랑으로.

십자가에 달린 이의 부활[*]

오순절이 되어서, 그들은 모두 한 곳에 모여 있었다. ... 베
드로가 열한 사도와 함께 일어나서, 목소리를 높여서, 그
들에게 엄숙하게 말하였다. ... "이 예수께서 버림을 받으
신 것은 하느님이 정하신 계획을 따라 미리 알고 계신 대
로 된 일이지만, 여러분은 그를 무법자들의 손을 빌어서
십자가에 못박아 죽였습니다. 그러나 하느님께서는 그를
죽음의 고통에서 풀어서 살리셨습니다. 그가 죽음의 세력
에 사로잡혀 있는 것은 있을 수 없는 일이기 때문입니다.

---

[*] 2017년 4월 27~29일 뉴욕에서 열린 모킹버드 강연Mockingbird Conference
에서 진행한 강연.

... 그러므로 이스라엘 온 집안은 확실히 알아두십시오. 하느님께서는 여러분이 십자가에 못 박은 이 예수를 주님과 그리스도가 되게 하셨습니다." (사도 2:1, 14, 23~24, 36)

수십 년 동안 저는 누군가가 설득력 있게 반박하기를 바라면서 제 생각을 이야기했지만, 아무도 그렇게 하지 않았습니다. 예수가 죽은 사람들 가운데서 살아나지 않았다면 우리는 결코 예수에 대한 이야기를 듣지 못했을 것이라고 저는 믿습니다. 나름 오랜 세월을 살았지만, 저는 이 믿음에 대한 훌륭한 반박을 듣지 못했습니다. 그리스도교 시대 이전 로마인들은 수많은 사람을 십자가에 못 박아 죽였습니다. 하지만 제가 알기로 우리는 그 수많은 사람의 이름 중 단 한 사람의 이름도 알지 못합니다. 로마인들이 십자가형을 집행하며 의도한 바이지요. 십자가형은 잔인하고, 비인간적이며, 처벌을 내리는 이들과 구경하는 이들에게 뒤틀린 쾌락을 일으키는 형벌이었습니다. 로마인들은 할 수 있는 한 공공장소에서, 지나가는 사람들이 끔찍한 고통을 받고 있는 희생자들을 향해 욕할 수 있도록 주요 도로에서 십자가형을 실시했습니다. 그들이 전하는 메시지는 분명했습니다.

이 앞에 있는 인간은 너희와 같은 부류의 인간이 아니다. 인간다운 죽음을 맞이할 만한 가치, 공동체의 구성원으로 대우받을 만한 가치가 없다. 짐승이나 벌레에 지나지 않는다. 이 사람은 쓰레기처럼 버려서 우리 기억에서 지워버려야 한다(우리는 미국 남서쪽 국경 사막에서 우연히 발견된, 국경을 넘다 탈수 증세로 죽음을 맞이했을 이름 없는 시신들을 볼 때도 이런 메시지를 읽을 수 있습니다).

십자가에 못 박힌 사람은 인간보다 못한 인간, 아무것도 아닌 것이었습니다. 그렇기에 베드로가 사도행전에서 "하느님께서는 여러분이 십자가에 못 박은 이 예수를 주님과 그리스도가 되게 하셨습니다"라고 말할 때 그는 당시 사람들은 상상할 수 없는, 역사상 유일무이한 주장을 하고 있는 셈입니다. 그리고 이것이 제가 쓴 (600쪽이 넘는) 『십자가형』The Crucifixion의 핵심 주제입니다.*

우리가 상상할 수 있는 가장 비인간적인 방식으로 사형당한 이를 예배한다는 것은 터무니없는 생각입니다. 그리고 그

---

* 다음의 책을 가리킨다. Fleming Rutledge, *The Crucifixion: Understanding the Death of Jesus Christ* (Grand Rapids: William B. Eerdmans Publishing Company, 2015) 『예수와 십자가 처형』(새물결플러스)

렇기에 우리는 우리 신앙이 참된 것임을 확신하게 됩니다. 우리의 눈과 귀로는 받아들일 수 없는 현실을 하느님께 성령으로 드러내 보이셔서, 우리의 닫힌 눈과 귀를 열어주심을 확신하게 되기 때문입니다. 오히려 신비는 왜 이를 모든 이가 받아들이지 못하느냐는 것입니다. 이 부분에 대해 저는 침묵할 수밖에 없습니다.

저는 20년 넘게 예수의 십자가 사건을 전하고 글을 썼습니다. 사실 제 인생의 대부분을 여기에 바쳤다 해도 과언은 아닐 것입니다. 지난 사순절 기간에도 저는 6주 연속으로 십자가 사건에 대해 쉬지 않고 말했습니다. 그래서인지 부활절기에 이런 강연을 하게 되어 무척 기쁩니다. 새로운 기회를 얻었으니까요. 매 사순절기가 되면 저는 십자가 사건에 대한 우리의 생각이 너무 협소하다고 이야기하곤 했습니다. 그리고 이제 저는 한 마디를 덧붙이려 합니다. 부활에 대한 우리의 생각도 너무 협소하다고 말이지요. 오늘 강연에서 저는 참석하신 분들은 이미 알고 있을 이야기를 하려 합니다. 하지만 모르고 계셨다면 그 또한 매우 기쁜 일일 것입니다. 이 이야기는 삶 전체를 바꿀 것을 요구하기 때문이지요.

79년 동안 부활절에 저는 주로 설교대가 아닌 회중석에 앉아있었습니다. 그렇기에 저는 자신 있게 이야기할 수 있습니다. 제가 들은 수많은 설교 중 가장 실망스러운 설교는 대체로 부활절 설교였습니다. 실망스럽다거나 불충분하다는 표현이 불충분할 정도로 말이지요. 이는 저에게도 마찬가지로 해당하는 이야기입니다. 제가 한 설교 중에서도 가장 마음에 들지 않는 설교는 부활절 설교였습니다. 시간이 흐르며 저는 부활 사건이 우리의 모든 경험을 넘어서듯, 우리의 모든 언어 역시 넘어선다고 믿게 되었습니다. 수많은 신실한 해석자들은 부활 사건에 대한 복음서들의 묘사가 일치하지 않는 이유는 그들이 부활이 역사에서 일어났지만 동시에 초역사적 차원에 속해 있음을 알았기 때문이라고, 이에 관해 이야기하기란 무척 어렵기 때문이라고 말합니다. 마찬가지 맥락에서 부활에 대해 설교하는 것은 독특한 문제를 품고 있습니다.

몇 년간 설교를 가르치면서 저는 예수 케리그마Jesus kerygma와 그리스도 케리그마Christ kerygma를 구분했습니다. 여러분은 케리그마라는 단어를 한 번쯤은 들어보셨을 것입니다. 본래 그리스어인 이 말은 단순히 '선언' 혹은 '발표'를 뜻했지만, 그리스도교 시대가 시작되면서 복음의 선포를 뜻하게 되었지요. 케리그마는 곧 복음이고 케리그마가 아니면 복음이 아닙니다. 여기서 한 가지 물음이 즉각적으로 제기됩니다. 그렇다면 복음이란 무엇입니까? 그리고 복음이 아닌 것은 무엇입니까?

많은 신자는 예수에 관한 이야기라고 말할 것입니다. 그 말은 한편은 맞으면서도 한편은 틀립니다. 예수가 누구인지를, 그가 어떤 차원에 속해 있는지를 어떻게 이야기하느냐에 따라 그 이야기는 복음일 수도, 복음이 아닐 수도 있습니다. 저는 개정된 미국 성공회 기도서와 성서정과가 특정 문화, 신학적 경향을 반영해 우리를 복음으로부터 멀어지게 했다고 생각합니다. 우리는 (교회를 만든) 그리스도 케리그마를 듣지 못합니다. 대신, 우리는 예수 케리그마를 듣습니다. 개정된 성공회 전례에서는 복음서를 낭독한 직후 설교를 전합니다. 이때 복음서 본문은 대부분 공관복음 중 하나이며 요한복음서는 거의 채택되지 않습니다. 구약성서나 서신서도 마찬가지입니다. 자연스럽게 설교는 예수가 무엇을 했는지, 뭐라고 말했는지를 전하는 데 방점이 찍힙니다. 그래서 청중은 예수에 대해 들으나 예수 그리스도에 대해 듣지는 못합니다. 예수의 식탁 나눔, 소외된 이들에 대한 그의 관심에 대해서는 많은 이야기를 듣지만(물론 이 내용은 매우 중요합니다), 의심하던 제자 도마가 부활한 예수를 만났을 때 한 결정적인 고백, 요한이 자신이 쓴 복음서의 절정에 배치한 고백은 듣지 못합니다.

나의 주님, 나의 하느님!

예수 케리그마와 그리스도 케리그마라고 했을 때 그리스도 케리그마는 예수 케리그마를 포함하며 그 중요성을 인정합니다. 하지만 예수 케리그마는 그리스도 케리그마를 포함하지 않습니다. 루가 복음서에 나오는 아름다운 이야기, 두 제자가 엠마오로 가는 길에 예수를 만난 이야기를 살피며 이에 관한 이야기를 좀 더 해보겠습니다.

로마에 있는 도리아 팜필리 미술관에는 제가 매우 좋아하는 그림이 하나 있습니다. 르네상스 시기, 이름이 알려지지 않은 두 예술가의 작품이지요. 이 작품은 보통 '엠마오로 가는 여정의 풍경'이라고 불립니다. 풍경이 대부분을 채우고 있고 여정을 가는 사람들의 모습은 아주 작게 그려져 있지요. 두 제자가 제3의 인물과 함께 거의 보이지도 않는 길을 걸어갑니다. 그리고 우거진 숲이 그들 주변과 앞에 펼쳐져 있습니다. 온라인에는 엠마오로 가는 제자들을 그린 작품들이 무수히 많이 있지만, 이 작품은 찾지 못했습니다. 하지만 이 작품은 제게 강한 인상을 남겼습니다. 거대한 캔버스에 거의 보이지 않을 정도로 작은 세 사람의 모습이 또렷이 기억납니다. 그 그림은 부활하셨지만 그 정체를 감춘 주 예수께서 세계 역사 속에서 성서를 연구하는 이들을 이끌고 계심을, 하지만 세계는 이를 전혀 주목하지 않음을 알려주는 듯했습니다.

루가에 따르면 글로바와 이름이 나오지 않는 예수의 제자가 예루살렘에서 한 삼십 리 떨어져 있는 엠마오라는 마을로 갔습니다. 불과 3일 전, 이들은 자신들이 사랑하는 스승이 고문 당하고 사람들이 보는 앞에서 말로 표현할 수 없이 끔찍한 죽음을 맞이하는 것을 보았습니다. 그들은 자신들의 감정을 추스르려 노력했습니다. 우리가 깊은 상처를 입었을 때, 삶을 뒤흔든 충격에서 회복하기 위해 그러하듯 긴 산책을 한 것이지요. 그 다음 일어난 일을 루가는 이렇게 기록합니다.

> 그들이 이야기하며 토론하고 있는데, 예수께서 가까이 가서, 그들과 함께 걸으셨다. 그러나 그들은 눈이 가려져서 예수를 알아보지 못하였다. (루가 24:15~16)

"눈이 가려져서"라는 표현에 주목하십시오. 이 표현은 수동

형으로 이루어져 있습니다. 즉 외부에서 무언가가 작용해 이들의 눈이 보지 못하게 되었다는 것이지요. 그들이 알아보지 못하는 것은 어떤 목적이 있어 보입니다. 그들이 아닌, 다른 힘이 자신의 목적을 이루기 위해 그들의 눈을 가립니다. 이어서 루가는 기록합니다.

예수께서 그들에게 물으셨다. "당신들이 걸으면서 서로 주고받는 이 말들은 무슨 이야기입니까?" 그들은 침통한 표정을 지으며 걸음을 멈추었다. 그 때에 그들 가운데 하나인 글로바라는 사람이 예수께 말하였다. "예루살렘에 머물러 있었으면서, 이 며칠 동안에 거기에서 일어난 일을 당신 혼자만 모른단 말입니까?" 예수께서 그들에게 물으셨다. "무슨 일입니까?" 그들이 그에게 말하였다. "나자렛 예수에 관한 일입니다. 그는 하느님과 모든 백성 앞에서, 행동과 말씀에 힘이 있는 예언자였습니다. 그런데 우리의 대제사장들과 지도자들이 그를 넘겨주어서, 사형선고를 받게 하고, 십자가에 못박아 죽였습니다. 우리는 그분이야말로 이스라엘을 구원하실 분이라는 것을 알고서, 그분에게 소망을 걸고 있었던 것입니다." (루가 24:17~21)

바로 이 부분, 글로바의 설명이 바로 예수 케리그마입니다. 이 이야기에서 두 제자는 모든 제자를 대표합니다. 그들은 예수가 진실로 누구였는지 알아보지 못했기 때문에 지금 자신들 옆에 있는 이가 누구인지도 알아보지 못합니다. 그들이 따랐던 예수, 십자가에 못 박힌 예수에 대한 그들의 이해가 완전히 틀렸다고 볼 수는 없습니다. 하지만 안타까울 정도로 불완전하지요. 그들은 예수를 예언자로 보았습니다. 맞습니다. 예수의 말과 행동에는 힘이 있었습니다. 그래서 그들은 예수가 이스라엘의 구원자이기를 바랐으나 결국 예수는 십자가에 못 박혀 죽었습니다. 이후 제자들은 "우리 가운데서 몇몇 여자"가 새벽에 무덤에 갔다가 빈 무덤을 보았다는 놀라운 이야기를 들었지만, 이 이야기를 어떻게 대해야 할지 몰랐습니다. 자신들이 따랐던 사람이 누구였는지 이해하지 못한 것이지요. 그들은 예수야말로 "이스라엘을 구원하실 분이라는 것을 알고서, 그분에게 소망을 걸"었지만, 그 소망은 십자가형의 여파로 산산조각난 상태였습니다. 그럴 만도 합니다. 당시 십자가에 못 박힌 사람은 구원자는커녕 인간도 아니고 아무것도 아닌 존재로 취급받았으니까요. 제자들이 존경했던 사람은 쓰라린 과거로 남았습니다. 물론 제자들이 예수의 말과 행동을 기억하는 한 그는 '역사적 예수'로 남아 있을 것입니다. 하지만 시간이 지나면, 몇 날 몇 주가 지나고, 몇 달, 몇 년이 지나면 그와 가까이 있었던 소수에게만, 다른 사람에게 들려주면 딱히 신뢰할 수 없는 기억으로 남게 되겠지요. 그런데 루가는 그다음 이렇게 기록합니다.

> 예수께서는 그들에게 말씀하셨다. "어리석은 사람들입니다. 예언자들이 말한 모든 것을 믿는 마음이 그렇게도 무디니 말입니다. 그리스도가 마땅히 이런 고난을 겪고서, 자기 영광에 들어가야 하지 않겠습니까?" 그리고 예수께서는 모세와 모든 예언자에서부터 시작하여 성경 전체에서 자기에 관하여 써 놓은 일을 그들에게 설명하여 주셨다. (루가 24:25~27)

"예수께서는 모세와 모든 예언자에서부터 시작하여 성경 전체에서 자기에 관하여 써 놓은 일을 그들에게 설명하여 주셨"습니다. 그리스도를 중심에 놓고 성서 전체를 해석하는 이 방법을 중세의 해석, 순진한 해석, 근본주의적 해석, 혹은 이 해석들의 유해한 조합으로 여기던 시기가 있었습니다. 새삼 밝히자면, 저는 성서를 연구할 때는 역사비평 방법을 써야 한다고, '학문적'으로 접근해야 한다는 목소리가 지배적

이던 시기에, 그런 곳에서 성서 연구하는 법을 배웠습니다. 하지만 이러한 해석의 지배는 끝나가고 있습니다. 1972년 제가 신학교에 들어갔을 때, 제가 가장 먼저 배운 것은 문서설이었습니다. 3년 뒤 신학교를 졸업하자 이른바 전근대적 해석, 근대 이전의 해석을 대하는 관점에 엄청난 변화가 일어났지요(폴 리쾨르Paul Ricoeur는 이를 '제2의 순진함'second naïveté이라고 불렀습니다). 여기 계신 여러분은 J, E, P, D, Q, 원原 루가 복음서Proto-Luke의 횡포에서 벗어난 지 오래입니다. 그럼에도 불구하고, 여전히 많은 사람이 예수가 본질적으로 우리와 별반 다르지 않았던 한 역사적 인물이었다고 이야기하기 위해 삶을 바치곤 하지요. 이러한 이해 자체가 오늘날 문화에 종속된 이해라는 깨달음이 뿌리내리지 않은 듯합니다. 이런 이해를 지닌 이들은 노골적으로 드러내지는 않더라도 사실상 "침통한 표정"을 지으며 예수에게 소망을 걸었었다고 말하는, 제자가 되지 못한 제자들입니다.

제 친구 윌리엄 윌리몬William Willimon은 예수 세미나 프로젝트나 그와 유사한 일련의 시도들이 모두 한 가지 전제를 갖고 있다고 지적한 바 있습니다. 바로 "예수가 죽었다"는 것이지요. 이때 교회는 예수에게 소망을 걸었던 이들로 이루어진 일종의 추모 집단이 됩니다. 1980년대 뉴욕대학교의 종교학 교수 제임스 카스James P. Carse는 『사랑하는 제자의 복음서』The Gospel of the Beloved Disciple를 쓴 적이 있습니다. 돌이켜보면, 그 당시에도 시대에 뒤쳐졌다 할 수 있는 이 책을 두고 예수 세미나를 주도한 로버트 펑크Robert Funk는 이런 추천사를 썼습니다. "카스 교수는 예수 전승에 신선한 생명을 불어넣어 새로운 복음서를 창조했다. 덕분에 나자렛의 현인은 생명을 얻었다."

이는 전형적인 예수 케리그마, 즉 "예수가 죽었다"는 생각을 기초로 한 이야기입니다. 이때도 우리는 예수의 말과 행동에 대해 이야기할 수 있습니다. 하지만 성서의 증언, 그 내적 진리와 분리된다면 우리의 예수 이야기는 우리의 감정, 우리의 통찰력에 좌지우지될 수밖에 없지요. 문제는 인간의 감정이나 통찰력은 그리 신뢰할 만한 게 못 된다는 것입니다. 게다가 오늘날 우리는 너무나도 자주 "눈이 가려"진 상태로 있습니다. 초월, 초-역사적 사건의 여백을 두지 않는 세계관이 이 시대를 지배하고 있기 때문이지요. 하지만 예수 케리그마가 그리스도 케리그마가 된다면 어떨까요? 다시 루가의 이야기를 살펴봅시다.

예수께서는 모세와 모든 예언자에서부터 시작하여 성경

전체에서 자기에 관하여 써 놓은 일을 그들에게 설명하여 주셨다.

이러한 해석은 죽은 랍비가 가르쳐 준 새로운 해석 이론입니까? 이제는 한물간, 최첨단 지식의 계몽을 받지 못한 채 무지한, 전前 과학적, 비학문적 이해를 반영하는 유물에 불과한가요? 모든 것은 이 질문에 달려 있습니다. 당신은 예수가 역사의 포로라고 생각하십니까? 그렇지 않으십니까? 누군가는 이렇게 말할지도 모르겠습니다. "한때 예수에게 소망을 걸었지만 …" 잊지 마십시오. 한때 예수에게 소망을 걸었던 이들이 그를 십자가에 못박았습니다.

그 두 길손은 자기들이 가려고 하는 마을에 가까이 이르렀다. 그런데 예수께서는 더 멀리 가는 척하셨다. 그러자 그들은 예수를 만류하여 말하였다. "저녁때가 되고, 날이 이미 저물었으니, 우리 집에 묵으십시오." 예수께서 그들의 집에 묵으려고 들어가셨다. 그리고 그들과 함께 음식을 잡수시려고 앉으셨을 때에, 예수께서 빵을 들어서 축복하시고, 떼어서 그들에게 주셨다. 그제서야 그들의 눈이 열려서, 예수를 알아보았다. 그러나 한순간에 예수께서는 그들에게서 사라지셨다. 그들은 서로 말하였다. "길에서 그분이 우리에게 말씀하시고, 성경을 풀이하여 주실 때에, 우리의 마음이 뜨거워지지 않았습니까?" (루가 24:28~32)

예수 그리스도는 더는 과거에 속하지 않습니다. 그분은 우리가 만들어낼 수 있는 역사의 포로가 아니십니다. '역사의 예수'와 '신앙의 그리스도'를 분리해 이야기할 수 없습니다. 둘은 하나이고 같습니다.

지금도 계시고 전에도 계셨고 앞으로 오실 전능하신 주 하느님께서 "나는 알파요 오메가다" 하고 말씀하십니다. (묵시 1:8)

그들이 곧바로 일어나서, 예루살렘에 돌아와서 보니, 열한 제자와 또 그들과 함께 있던 사람들이 모여 있었고, 모두들 "주님께서 확실히 살아나시고, 시몬에게 나타나셨다" 하고 말하고 있었다. 그래서 그 두 사람도 길에서 겪은 일과 빵을 떼실 때에 비로소 그를 알아보게 된 일을 이야기하였다. (루가 24:33~35)

부활에 관한 이 소식, 이 폭발적인 그리스도 케리그마는 한 치 앞도 바라볼 수 없는 사람들 가운데서 일어났습니다. 낙담에 빠져 있을 때 교회는 이를 기억해야 합니다. 모든 일은 무명의 소수 집단(무덤으로 달려갔던 베드로와 요한, 향료를 들고 무덤에 간 여인들, 겁에 질린 채 잠긴 방에 모인 열한 명)에서 시작되었습니다. 그리고 이 부활 사건은 대중 앞에서 일어난 한 사건과 불가분의 관계가 있습니다. 아그립바에게 바울이 한 말을 빌리면 이 사건은 "어느 한 구석에서 일어난 일이 아닙니다"(사도 26:26). 유대인들과 이방인들 모두가 보는 가운데, 갈릴래아에서 온 한 떠돌이 랍비는 제국의 명령으로, 권세자들에 의해 "아무것도 아닌 것"이 되었습니다. 그렇게 그는 인간의 기록에서 지워졌습니다.

그래서 얼마 지나지 않아 바울은 이렇게 썼습니다.

> 하느님께서는, 지혜 있는 자들을 부끄럽게 하시려고 세상의 어리석은 것들을 택하셨으며, 강한 것들을 부끄럽게 하시려고 세상의 약한 것들을 택하셨습니다. 하느님께서는 세상에서 비천한 것들과 멸시받는 것들을 택하셨으니 곧 잘났다고 하는 것들을 없애시려고 아무것도 아닌 것들을 택하셨습니다. (1고린 1:27~8)

십자가에 못 박혀 죽은 사람이 아니라면 "아무것도 아닌 것"이 누구를 가리키겠습니까? 무로부터의 창조를 끌어내는 이가 누구입니까? 태초에 하느님께서 당신의 숨결로 무에서 유를 창조하셨듯 그리스도 케리그마는 무에서 일어났습니다. 바울은 고린토인들에게 말합니다.

> 그러므로 이제부터 우리는 아무도 육신의 잣대로 알려고 하지 않습니다. 전에는 우리가 육신의 잣대로 그리스도를 알았지만, 이제는 그렇지 않습니다. 누구든지 그리스도 안에 있으면, 그는 새로운 피조물입니다. 옛것은 지나갔습니다. 보십시오, 새것이 되었습니다. (2고린 5:16-17)

여러분에게 묻습니다. "복된 부활절!"이라는 인사를 여러분은 어떤 식으로 받아들이고 있습니까? 불과 몇십 년 만에 지중해 세계 전체로 불길처럼 뻗어 나간 운동, 패배한 작은 제자 집단에서 시작된 운동을 빚어낸 메시지가 읽히십니까? 사도들이 예수가 "행동과 말씀에 힘이 있는 예언자"였다는 이해에서 벗어나 그를 "나의 주님, 나의 하느님"이라고 고백하게 만든 케리그마는 무엇입니까?

그들이 곧바로 일어나서, 예루살렘에 돌아와서 보니, 열한 제자와 또 그들과 함께 있던 사람들이 모여 있었고, 모두들 "주님께서 확실히 살아나시고, 시몬에게 나타나셨다" 하고 말하고 있었다. (루가 24:33~34)

엠마오로 가는 길에서 예수를 만난 글로바와 다른 제자는 저녁 식사를 마치자 마자 곧바로 일어나 한밤중에 삼십 리 길을 걸어 그들의 메시지를 전했습니다. 그들이 마냥 좋은 얼굴로 "복된 부활절!"이라고 말했습니까?

"여러분이 십자가에 못박은 이 예수"가 퀴리오스, 주님이십니다. 그분은 살아 있는 하느님의 말씀이십니다. 하느님께서는 이 말씀을 통해 만물을 창조하셨습니다. 그분은 알파와 오메가, 시작과 끝이십니다. 그분은 역사 전에도 있으셨으며 역사 너머에 계십니다. 그분은 역사의 의미이십니다. 우리가 우리 자신에게 저지른 일에도 불구하고 하느님께서는 우리를 도우십니다. 그분은 역사의 끝이자 목적입니다. "주님께서 정말로 부활하셨습니다."

마지막으로 이야기를 하나 하겠습니다. 오래된 이야기입니다. 한동안 이 이야기를 하지 않았지만, 지금 이 순간이야말로 이 이야기를 하기에 적절한 순간이라는 생각이 드네요.

여기서 얼마 안 떨어진 그레이스 교회에서 저는 뉴욕에서의 첫 번째 부활절을 맞이했습니다. 1982년이었지요. 뉴욕타임스에서는 70~80년대 뉴욕을 묘사할 때면 으레 "불쾌하다"는 표현을 쓰곤 하는데 그해 부활주일이 그랬습니다. 차를 타고 프랭클린 D. 루스벨트 이스트 리버 고속도로를 지나 뉴욕에 왔을 때 파크 애비뉴 지역과 브로드웨이 근방의 모습은 우중충하기 그지없었지요. 날씨는 흐리고 쌀쌀했으며 모든 상점의 문은 닫혀 있었습니다. 사람들의 모습도 거의 보이지 않았고 보기 흉한 철문이 가게들을 뒤덮고 있었습니다. (맨해튼에 있는 또 다른 성공회 교회인) 갈보리 교회를 지나쳤습니다. 안타깝게도, 그곳의 문은 닫혀 있었습니다. 생명의 징후가 전혀 느껴지지 않았지요. 버지니아 출신인 저는 남부 지역의 화사한 봄에 익숙했습니다. 처음 맞이한 생기 없는 거리, 어둡고 흐린 하늘은 저를 우울하게 했지요. 어떻게 사람들이 이런 분위기에서 살아가고 있는지 신기할 정도였습니다. 12번가에 도착했을 때 저는 그레이스 교회 맞은편에 차 댈 수 있는 곳을 발견하고 한쪽에 차를 세웠습니다. 교회의 문은 활짝 열려 있었고 문 앞에는 안내 봉사를 하고 있는 데이비드 크럼David Crum(40년이 지난 지금도 그분은 북부 지역에 있는 한 교회에서 안내 봉사를 하고 계십니다)이 서 있었습니다. 부활절을 기념하기 위해 그는 멋진 재킷과 넥타이를 착용했고 밝은 흰색 카네이션을 재킷에 달아놓고 있었습니다. 저는 소리를 지르며 길가를 가로질렀습니다. "데이비드! 주님께서 부활하셨습니다!" 그리고 그는 일말의 망설임도 없이 답했습니다. "진실로 그분께서 부활하셨습니다!" 우중충한 환경 속에서 예수의 두 제자가 서로를 향해 이 세상 그 어떤 소식과 비교될 수 없는 소식을 전했습니다. 거리를 질주하며 저는 진실로 부활절이 왔음을 알았습니다.

가끔 주님을 섬기는 일에 지칠 때가 있습니다. 그러나 한밤중에 엠마오에서 빠른 걸음으로 예루살렘까지 가서 소식을 전한 제자들처럼 우리는 "서쪽 하늘이 빛날 때까지" 이 소식을 전해야 합니다. 우리의 앞길에 긴 그림자가 드리워져 있다 해도 말이지요. "샘에서 물 뜨는 물동이가 깨"질 때까지 우리는 주님께서 부활하셨다고 거듭 선포해야 합니다. 부활절기에 부르는, 엠마오 이야기에 바탕을 둔 성가 하나가 있습니다.

우리와 함께 머무소서. 알렐루야.
때가 저물어 가고 날이 이미 기울었나이다. 알렐루야.

폴 잘Paul Zahl 신부님이 이 강연을 열면서 처음으로 한 일이 엠마오 이야기에 바탕을 둔 저녁 기도였다는 사실에 저는 무척 감동했습니다. 《나와 함께 머무소서》Abide with Me라는 성가 역시 루가의 엠마오 이야기에 바탕을 두고 있지요. 이제 남편과 저는 남은 날이 멀지 않았다는 걸 알고 있습니다. 그래서인지 성가의 노랫말은 저희에게 갈수록 더 큰 울림을 줍니다.

주님, 저와 함께해 주소서.

때가 저물어 가고 어둠이 깊으니

주님, 저와 함께해 주소서.

이 땅에서의 조력자들이 실패하고

모든 위로가 헛되어 보일 때,

삶 가운데서, 죽음 가운데서,

주님, 저와 함께해 주소서.

하느님의 백성인 여러분, 알렐루야!

주님께서 부활하셨습니다!

진실로, 그분은 부활하셨습니다. 알렐루야!

희망이 사라진 때 희망하기[*]

아브라함이나 그 자손에게 주신 하느님의 약속, 곧 그들이 세상을 물려받을 상속자가 되리라는 것은, 율법으로 말미암은 것이 아니라, 믿음의 의로 말미암은 것입니다. 율법을 의지하는 사람들이 상속자가 된다면, 믿음은 무의미한 것이 되고, 약속은 헛된 것이 됩니다. 율법은 진노를 불러옵니다. 율법이 없는 곳에는 범법도 없습니다. 이런 까닭에, 이 약속은 믿음에 근거한 것입니다. 그것은 하느님께서 아브라함에게 이 약속을 은혜로 주셔서 이것을

---

[*] 2014년 부활절기에 보스턴 대학교에서 진행한 설교.

그의 모든 후손에게도, 곧 율법으로 사는 사람들에게만
이 아니라 아브라함이 지닌 믿음으로 사는 사람들에게도
보장하시려는 것입니다. 아브라함은 우리 모두의 조상입
니다. 이것은 성경에 기록된 대로 "내가 너를 많은 민족의
조상으로 세웠다" 함과 같습니다. 이 약속은, 그가 믿은
하느님, 다시 말하면, 죽은 사람들을 살리시며 없는 것들
을 불러내어 있는 것이 되게 하시는 하느님께서 보장하신
것입니다. (로마 4:13~17)

소설가 필립 로스Philip Roth는 『죽어가는 짐승』The Dying
Animal에서 이렇게 말했습니다.

모든 침착하고 합리적인 인간 안에는 죽음을 두려워하는 또
다른 인간이 숨어 있지.

소설의 주인공인 데이비드 케페시는 젊은 교수입니다. 그
는 죽음에 대한 두려움에서 벗어나기 위해 성행위에 몰두합
니다. 하지만, 여러분도 짐작하실 수 있듯이 이런 시도는 성
공을 거두지 못하지요. 데이비드 케페시라는 인물을 빌려 로
스는 인간 전체를 '죽어가는 동물'로 그립니다.

여러분 중 몇몇은 아직 이를 이해하기에는 너무 어릴지도 모르겠습니다. TV 프로그램 《60분》60 Minutes을 모르시는 분이 있을지도 모르겠네요. 제가 이 프로그램을 군이 언급한 이유는 앤디 루니Andy Rooney에 대해 잠깐 이야기하고 싶기 때문입니다. 수십 년 동안 그는 《60분》을 진행했습니다. 루니의 논평은 종종 우스꽝스러웠지만, 거기에는 날카로운 진실이 담겨 있었지요. 그가 세상을 떠났을 때 추도식에서는 그가 한 말을 인용했습니다.

나는 죽음에 관한 내 생각을 받아들이기를 거부하고 싶다. 어쩌면, 죽음에 대한 탈출구가 있을지도 모른다고 나는 믿는다.

루니는 호전적인 무신론자였지만 죽음이라는 현실을 거침없이 거부하는 배짱을 갖고 있었습니다. 별다른 종교를 갖고 있지 않다 해도 죽음의 거대한 힘을 인정하기란 그리 어렵지 않습니다. 언젠가 시인 필립 라킨Philip Larkin은 노래했지요.

종교는 거대한 나방.
우리가 죽지 않는 척하기 위해 만든 비단을 먹고 자랐다네.

프로이트의 믿음이 엿보이는 시입니다. 그리고 오늘날 대다수 지식인이 믿는 바이기도 하지요. 최근에도 저는 그런 분을 만난 적이 있습니다. 그는 제 또래였고 제가 성공회 신부라는 것을 알았습니다. 나지막이 그는 저에게 그리스도교가 부러운 한 가지 이유는 미래의 삶에 대한 믿음이라고 말했습니다. 하지만 그러한 믿음을 받아들일 수 없다는 것도 분명했지요. 지적이고 '계몽된' 사람의 존엄을 더 중시하는 그에게 이러한 믿음은 어디까지나 희망 사항에 불과했습니다.

꽤 긴 시간을 살다 보니, 제가 인생을 살면서 들은 부활절 설교가 75개가 넘더군요. 하지만 그 설교들은 사실상 "예수가 실제로 죽은 자들로부터 살아났다고 말하지 않는 75가지 방법"에 가까웠습니다. '신학'을 전문적으로 공부한 이들이 신자들에게 신약성서의 증언을 의심해야 한다고 종용하거나 유혹하면서 상황은 더욱 나빠졌지요. 일례로 저는 젊은 시절 뉴잉글랜드에 있는 꽤 유명한 기숙학교를 나온 변호사에게 편지를 받은 적이 있습니다. 편지에서 그는 말했지요.

저는 14살 때 뉴잉글랜드에 있는 성공회 기숙학교에서 고대 역사와 성서 공부 과목을 들었습니다. 당시 필수 과목이었던 이 수업을 들으면서 저는 예수 그리스도에 대한 믿음을 잃었어요. … 수업은 매우 세속적인 역사 선생님과 신학교를 갓 졸업한 젊은 성공회 신부님이 가르치셨지요. … 그분들은 성서 본문은 여러 자료를 바탕으로 만들어졌다고, 고대 편찬자들과 편집자들은 성서 본문을 구성함으로써 자신들의 정치적, 사회적 신념을 관철하고자 했다고 가르쳤습니다. 우리가 이스라엘 종교를 이스라엘이 정치적, 사회적 자기 생존을 위해 가공한 일련의 신화로 보도록 했지요. 그러한 과정을 통해 학생들은 지적이고 교양 있는 사람들은 성서 본문이 인간의 발명품이라는 것을 알고 있으며, 성서에 진리 같은 것이 있다는 주장에 얽매이지 않는다는 것을 알게 되었습니다. 성서에서 주장하는 내용은 저자들이 이루려 했던 정치, 사회적 전망을 반영하는 것일 뿐이라는 것도요. 그 가르침들은 제 믿음이 순진한 믿음이라고, 특정 집단의 신념을 종교로 포장한 것을 믿는 것이라고 고발했습니다. 당시 저는 그런 순진한 믿음에서 벗어나게 된 것을 다행으로 여겼습니다. … 이후로는 제 주변 사람들에게 제가 한때 그런 조작된 글들을 믿었다는 어떤 티도 내지 않았지요. …

이후 그는 남부 지역에서 성공회 교회에 다니던 신자와 결혼하게 되었습니다. 처음에는 순수하게 문화적인 의식에 참여한다는 생각으로 아내와 교회에 갔지요. 놀랍게도, 점점 더 그는 자신의 믿음이 살아나고 있음을 체감했습니다. 하지만 정작 성직자들은 "성서는 전적으로 인간의 산물이며, 하느님께서는 인간의 역사 가운데 직접 임하셔서 활동하시거나 결정적인 순간을 만들어 내시지는 않는다. 성서의 가르침은 세속 세계에서 가정하는 '신'이 할 수 있는 것과 할 수 없는 것에 대한 가정에 부합하는 방식으로 재해석되어야 한다"고 가르쳤고 그는 낙담했습니다. 그럼에도 그리스도에 대한 믿음을 회복했고 지금은 헌신적인 신자로 활동하고 있지요.

물론 이분이 기숙학교에 다닐 때와 견주었을 때 지금은 성서를 가르치는 방식에 변화가 있었습니다. 1970년대 제가 유니온 신학교를 다닐 때 이미 정경을 존중하는 접근법, 문학비평 접근법이 등장하고 있었지요. 하지만 대다수 신자가 감지할 수 있을 정도로 이런 변화가 교회에 자리 잡지는 못한 것 같습니다. 학계에서 역사비평과 역사적 예수에 대한 '세 번째 탐구'도 계속 진행되겠지요. 하지만 저에게 편지를 남긴 신자분의 이야기를 두고 우리는 다시 한번 생각해 보아야 합니다. 바로 "성서의 가르침은 세속 세계에서 가정하는

'신'이 할 수 있는 것과 할 수 없는 것에 대한 가정에 부합하는 방식으로 재해석되어야 한다"는 부분 말이지요.

고통과 악의 문제에 대해 높이 평가를 받고 있는 저작인 『바다의 문들』The Doors of the Sea에서 저자 데이비드 벤틀리 하트David Bentley Hart는 신이 정말로 전능하다면 그는 선하지 않고, 정말로 선하다면 전능하지 않다는 결론을 내려야 한다는 J. L. 맥키J. L. Mackie의 널리 알려진 주장을 검토합니다. 하트는 이렇게 반박하지요.

> 맥키의 주장은 어리석은 신인동형론anthropomorphism에 기대고 있다. 여기서 하느님의 뜻은 인간과 동일한 척도에서 측정 가능하며, 창조세계를 향한 하느님의 궁극적 목적 또한 우리가 인식하는 우주를 넘어서지 않는다. 하느님을 인간과 같은 하나의 윤리적 행위자로, 제한된 정신을 지닌 인격체로 축소한 것이다.[1]

성서를 어떻게 이해해야 하는지에 대해서는 잠시 뒤로 젖혀 둡시다. 대신, 성서를 직접 살펴보지요. 바울이 로마인들

---

[1] David Bentley Hart, *The Doors of the Sea: Where Was God in the Tsunami?* (Grand Rapids, MI: Eerdmans, 2005), 13. 『바다의 문들』(비아)

에게 보낸 편지 4장에 있는 한 구절입니다. 이 구절은 요한복음서 3장 16절("하느님께서 세상을 이처럼 사랑하셔서 외아들을 주셨으니, 이는 그를 믿는 사람마다 멸망하지 않고 영생을 얻게 하려는 것이다")만큼이나 유명한 구절이지만, 문법상 꽤 까다롭고, 여러 이유로 인해 최근 교회들에서는 잘 읽히지 않는 구절이기도 합니다. 하지만 부활절에 묵상하기 가장 좋은 구절이기도 하지요.

> 아브라함이나 그 자손에게 주신 하느님의 약속, 곧 그들이 세상을 물려받을 상속자가 되리라는 것은, 율법으로 말미암은 것이 아니라, 믿음의 의로 말미암은 것입니다. 율법을 의지하는 사람들이 상속자가 된다면, 믿음은 무의미한 것이 되고, 약속은 헛된 것이 됩니다. 율법은 진노를 불러옵니다. 율법이 없는 곳에는 범법도 없습니다. 이런 까닭에, 이 약속은 믿음에 근거한 것입니다. 그것은 하느님께서 아브라함에게 이 약속을 은혜로 주셔서 이것을 그의 모든 후손에게도, 곧 율법으로 사는 사람들에게만이 아니라 아브라함이 지닌 믿음으로 사는 사람들에게도 보장하시려는 것입니다. 아브라함은 우리 모두의 조상입니다. 이것은 성경에 기록된 대로 "내가 너를 많은 민족의 조상으로 세웠다" 함과 같

습니다. 이 약속은, 그가 믿은 하느님, 다시 말하면, 죽은 사람들을 살리시며 없는 것들을 불러내어 있는 것이 되게 하시는 하느님께서 보장하신 것입니다. (로마 4:13~17)

이 구절에서 바울은 "우리 모두의 조상", 믿음의 조상인 아브라함이라는 위대한 인물을 떠올립니다. 그리고 바울에 따르면 아브라함은 "죽은 사람들을 살리시며 없는 것들을 불러내어 있는 것이 되게 하시는 하느님"을 믿습니다. 이것이 성서에서 선포하는 하느님의 정의이며 그리스도인은 바로 이 하느님을 믿습니다. 하느님은 죽은 사람들을 살리시며 없는 것들을 불러내어 있는 것이 되게 하시는 분입니다. 그렇게, 그분은 무에서 우주를 창조하셨기에 당신의 아들을 죽음의 권세에서 일으키실 수 있으며 당신의 사랑하는 백성 또한 일으키실 수 있습니다. 이 같은 맥락에서 바울은 말합니다.

주 예수를 다시 살리신 분이 예수와 함께 우리도 다시 살리시고 여러분과 함께 우리를 그분 곁에 앉히시리라는 것을 잘 알고 있습니다. (2고린 4:14)

바울의 진술들은 우리가 하느님께서 하실 수 있는 것과

없는 것을 결정할 수 있다는 생각에 도전합니다. 구약성서와 신약성서를 통해 자신을 알리시는 하느님은 우리가 만든 신 관념에 얽매이지 않으십니다. 시인 제프리 힐Geoffrey Hill이 노래했듯 하느님은 "절대적이고, 기원을 창조하는 정신, 가장 헤아릴 수 없는, 결정적인 타자성"입니다. "기원을 창조하는 정신"으로서 하느님은 우리의 모든 개념을 초월하십니다. 성서는 이를 증언합니다. 우리는 우리의 틀에 하느님을 가둘 수 없습니다. 하느님께서 우리와 교류하시고자 할 때만, 그분이 선택하신 언어로 우리는 그분을 헤아릴 수 있습니다.

> "나의 생각은 너희의 생각과 다르며, 너희의 길은 나의 길과 다르다." 주님께서 하신 말씀이다. "하늘이 땅보다 높듯이, 나의 길은 너희의 길보다 높으며, 나의 생각은 너희의 생각 보다 높다." (이사 55:8~9)

지금까지 이야기한 맥락을 염두에 두고 이 구절을 묵상해 보십시오. 어떠한 생각이 드십니까? 여러분의 생각에 어떤 변화가 있나요? 적어도 초기 그리스도인들은 새로운 방식으로 이 구절을 받아들였습니다. 다시 한번, 바울은 말합니다.

그리스도께서 모든 사람을 위하여 죽으신 것은, 이제부터는, 살아 있는 사람들이 자기 자신들을 위하여 살아가도록 하려는 것이 아니라, 자기들을 위하여서 죽으셨다가 살아나신 그분을 위하여 살아가도록 하려는 것입니다. 그러므로 이제부터 우리는 아무도 육신의 잣대로 알려고 하지 않습니다. 전에는 우리가 육신의 잣대로 그리스도를 알았지만, 이제는 그렇지 않습니다. (2고린 5:15~16)

이것이 새로운 인식론, 새로운 앎의 방식입니다. 예수의 죽음과 부활을 통해 하느님께서는 새로운 것, 이전에는 존재하지 않았던 무언가에 대한 앎의 문을 열어젖히셨습니다.

누구든지 그리스도 안에 있으면, 그는 새로운 피조물입니다. 옛것은 지나갔습니다. 보십시오, 새것이 되었습니다. (2고린 5:17)

우리는 부활의 백성이 되었습니다. 이러한 맥락에서 오늘날 수많은 그리스도교인이 목청껏 소리 높여 "주님께서 부활하셨습니다!"라고 선언하기를 망설인다는 것은 참으로 슬픈 일입니다. 물론 이 소식은 인간의 앎을 넘어선 소식입니다.

부활의 소식은 인간에게 잠재하는 능력을 드러내는 소식이 아닙니다. 아브라함을 생각해보십시오. 인간으로서 그에게 는 아무런 잠재력도 갖고 있지 않았습니다. 그의 아내는 불임이었고 그 역시 아이를 가진 지 수십 년이 지난 상태였습니다. 이를 두고 바울은 말합니다.

> 아브라함은 희망이 사라진 때에도 바라면서 믿었으므로 "너의 자손이 이와 같이 많아질 것이다" 하신 말씀대로, 많은 민족의 조상이 되었습니다. (로마 4:18)

인간으로서 희망이 사라진 때 아브라함은 희망을 품었습니다. 그는 인간의 가능성을 믿으며 살지 않고, 하느님의 약속을 믿고 살았습니다. 이것이 바울이 아브라함을 증인으로 소환한 이유입니다. 하느님께서는 죽은 사람들을 살리시며 없는 것들을 불러내어 있는 것이 되게 하시는 분이십니다. 그분은 믿음이 없는 곳에 믿음을, 생명이 없는 곳에 생명을, 희망이 없는 곳에 희망을 창조하십니다.

인간의 관점에서 보면 여러분과 저는 그저 '죽어가는 동물'에 불과합니다. 이 관점으로 볼 때 탈출구는 없습니다. 이는 너무나도 확실하기에 앤디 루니가 남긴 말은 한편으로는 흥미로우면서도 결국 씁쓸합니다. 거대한 죽음의 힘에서 벗어날 길은 없습니다. 그러나!

> 우리가 (세례를 통해) 그리스도와 함께 죽었으면, 그와 함께 우리도 또한 살아날 것임을 믿습니다. 우리가 알기로, 그리스도께서는 죽은 사람들 가운데서 살아나셔서, 다시는 죽지 않으시며, 다시는 죽음이 그를 지배하지 못합니다. (로마 6:8~9)

필립 로스는 비꼬는 말투로, 세속적인 유대인 어빙 벌린 Irving Berlin이 노래 《화이트 크리스마스》White Christmas와 《부활절 행진》Easter Parade을 써서 그리스도교의 종교적 중요성을 영원히 앗아갔다고 말한 바 있습니다.* 실제로 뉴욕시에서 벌이는 부활절 행진을 보면 그 말에는 일말의 진실이 있습니다. 그러나 여전히 우리 안에는 "죽음을 두려워하는 또 다른 인간"이 숨어 있으며 그 숨은 인간을 향해 주님께서는 오늘 메시지를 보내십니다.

아마 이생에서 여러분 중 대부분은 저를 다시는 보지 못

---

* 《화이트 크리스마스》와 《부활절 행진》은 부활절에 미국 길가에서 흔히 들을 수 있는 노래다.

하겠지요. 어쩌면 바로 오늘 이 순간이 제가 여러분에게 우리의 모든 가치를 뛰어넘는 소식을 전할 수 있는 유일한 시간인지도 모릅니다. 그러니, 다시 한번 말합니다. 하느님께서는 우리의 마음과 욕망의 관점으로 생각할 수 있는 분이 아닙니다. 사도들이 그토록 전하고자 했던 하느님은 그런 분입니다. 그분은 스스로 존재하시는 분입니다. 아브라함의 하느님, 이삭의 하느님, 야곱의 하느님은 언제나 우리의 손이 닿을 수 있는 곳 너머에 계십니다. 하지만 동시에 그리스도께서 살아 계시듯 우리와 함께 살아 계시며, 우리 가까이에 계십니다. 저는 여러분이 이를 납득할 수 있게 할 수 없습니다. 오직 하느님의 영만이 그렇게 할 수 있습니다. 그리고 성령은 자신의 뜻대로 붑니다. 그러나 여러분이 여러분의 앎을 넘어서는 무언가가 있다고, 죽음의 권세보다 더 큰 무언가가 있다고 느낀다면, 희망이 사라진 때에도 희망할 수 있게 하는 무언가가 있다고 느낀다면, 그것은 살아 계신 하느님께서 여러분에게 자신을 알리고 있다는 징표입니다. 죽은 사람들을 살리시며 없는 것들을 불러내어 있는 것이 되게 하시는 하느님께서 이 세상의 통치자에게 승리를 거두셨습니다. 죽음은 더는 이 세상을 지배하지 못할 것입니다. 주님께서 부활하셨습니다! 진실로 부활하셨습니다! 알렐루야!

- **The Bible and The New York Times** (Grand Rapids: William B. Eerdmans Publishing Company, 1998)

- **Help My Unbelief** (Grand Rapids: William B. Eerdmans Publishing Company, 2000)

- **The Undoing of Death** (Grand Rapids: William B. Eerdmans Publishing Company, 2002) 『예수가 선택한 길』(비아토르)

- **The Battle for Middle-Earth: Tolkien's Divine Design in The Lord of the Rings** (Grand Rapids: William B. Eerdmans Publishing Company, 2004)

- **The Seven Last Words from the Cross** (Grand Rapids: William B. Eerdmans Publishing Company, 2004) 『예수의 마지막 말들』(비아)

- **Not Ashamed of the Gospel: Sermons from Paul's Letter to the Romans** (Grand Rapids: William B. Eerdmans Publishing Company, 2007) 『부끄럽지 않은 복음』(도서출판 100)

- **And God Spoke to Abraham: Preaching from the Old Testament** (Grand Rapids: William B. Eerdmans Publishing Company, 2011)

- **The Crucifixion: Understanding the Death of Jesus Christ** (Grand Rapids: William B. Eerdmans Publishing Company, 2015) 『예수와 십자가 처형』(새물결플러스)

- **Advent: The Once and Future Coming of Jesus Christ** (Grand Rapids: William B. Eerdmans Publishing Company, 2018)

- **Three Hours: Sermons for Good Friday** (Grand Rapids: William B. Eerdmans Publishing Company, 2019)

- **Means of Grace: A Year of Weekly Devotions** (Grand Rapids: William B. Eerdmans Publishing Company, 2021)

예수의 마지막 말들
– 십자가에서 하신 일곱 말씀

초판 1쇄 │ 2023년 2월 15일
　　2쇄 │ 2023년 3월 31일

지은이 │ 플레밍 러틀리지
옮긴이 │ 손승우

발행처 │ 비아
발행인 │ 이길호
편집인 │ 이현은
편　집 │ 민경찬
검　토 │ 이은실 · 정다운 · 황윤하
제　작 │ 김진식 · 김진현 · 이난영
재　무 │ 황인수 · 이남구 · 김규리
마케팅 │ 김미성
디자인 │ 민경찬 · 손승우

출판등록 │ 2020년 7월 14일 제2020-000187호
주　소 │ 서울시 강남구 봉은사로 442 75th Avenue 빌딩 7층
주문전화 │ 02-590-9842
이메일 │ viapublisher@gmail.com

ISBN │ 979-11-92769-09-7 (03230)
한국어판 저작권 ⓒ 2023 타임교육C&P